25 x DaZ im Sachunterricht für 45 Minuten

Nina Wilkening

Klasse 1–4

Fertige Stunden für Deutsch als Zweitsprache

Verlag an der Ruhr

Impressum

Titel
25 x DaZ im Sachunterricht für 45 Minuten – Klasse 1–4
Fertige Stunden für Deutsch als Zweitsprache

Autorin
Nina Wilkening

Titelbildmotive
Schmetterling-Metamorphose: © magemasher, Wasserkreislauf: © Bisams, Magnet: © Dinosoftlabs, Kinder: © cirodelia – alle Fotolia.com

Druck
AZ Druck und Datentechnik GmbH, Kempten, DE

Geeignet für die Klassen 1–4

ISBN 978-3-8346-4149-6

Inhaltsverzeichnis

Vorwort

Liebe Leserinnen und Leser[1],

im vorliegenden Buch finden Sie 25 komplett ausgearbeitete Stunden mit sachunterrichtlichen Themen für DaZ-Kinder. Die Möglichkeiten, die Ihnen diese Materialien bieten, sind vielfältig:

Einsatz in leistungsschwachen Klassen bzw. Klassen mit hohem Anteil an DaZ-Kindern

Sie können die ausgearbeiteten Stunden als Sachunterrichtsstunden verwenden. Meist handelt es sich bei den Stunden um Einführungsstunden, in denen die Schülerinnen und Schüler den Wortschatz, der für die Unterrichtseinheit erforderlich ist, kennenlernen. Anschließend können Sie im gewohnten Sachunterrichtsbuch fortfahren. Ihre Schüler verstehen die Themen durch die Einführung besser und können sich stärker am Unterricht beteiligen, weil sie über den notwendigen Wortschatz verfügen.

Einsatz im DaZ-Förderunterricht als Ergänzung zum Sachunterricht

Viele DaZ-Kinder erhalten additiven Sprachförderunterricht, der getrennt von der Klasse stattfindet. Als DaZ-Lehrer greift man dann im Allgemeinen sprachliche Themen auf. Mit den hier vorliegenden Materialien können Sie neben dem sprachlichen Aspekt auch den sachunterrichtlichen Aspekt bedienen und so fächerübergreifend arbeiten. Sie fördern die Kinder somit gleichzeitig in zwei Fächern. In diesem Fall ist es sinnvoll, sich mit der Fachlehrkraft für Sachunterricht abzusprechen, wann im Sachunterricht welche Themen behandelt werden, sodass die Stunden aus diesem Buch zielgenau eingesetzt werden können. Ein „Abarbeiten" der Stunden ohne aktuellen Bezug zum Sachunterricht ist dagegen nicht zu empfehlen.

Einsatz als Differenzierungsmaterial im sprachsensiblen Fachunterricht

Wenn beide zuvor genannten Möglichkeiten für Sie nicht infrage kommen, so kann es dennoch sinnvoll sein, die Materialien im Hinblick auf den Einsatz im sprachsensiblen Fachunterricht zu beurteilen und das auszuwählen, was für Sie passend erscheint. Im sprachsensiblen Fachunterricht achten Sie darauf, dass vor allem für DaZ-Kinder und sprachlich schwächere Kinder Hilfestellungen oder Differenzierungsmaterialien angeboten werden, die helfen, den Wortschatz zu erweitern und die Kinder zu unterstützen. Je nach Klassenzusammensetzung können Sie komplett auf die Stundenvorschläge zurückgreifen und diese mit Differenzierungsangeboten für sprachlich stärkere Schüler in der Arbeitsphase ergänzen. Diese Differenzierungsangebote sind die „normalen" Aufgaben, die Sie in den Schulbüchern finden, die aber für DaZ-Lerner meist zu schwer sind. Oder aber Sie arbeiten mit Ihrem „normalen" Sachunterrichtsbuch und tauschen in der Arbeitsphase für die DaZ-Schüler die Aufgaben aus, indem Sie die Materialien aus dem vorliegenden Buch bereitstellen.
In den Stundenbeschreibungen finden Sie weitere Differenzierungshinweise.

---

[1] Wir haben in diesem Buch versucht, stets die männliche sowie die weibliche Form zu verwenden. An manchen Stellen wird nur eine der beiden Formen genannt. Dabei ist es uns wichtig, dass sich immer alle Schülerinnen und Schüler, alle Lehrerinnen und Lehrer etc. angesprochen fühlen.

Allgemeine Hinweise

Im Folgenden möchte ich Ihnen einen Überblick über den Aufbau des Buches geben.

Sie finden für die Klassenstufen 1/2 und 3/4 zwölf bzw. 13 ausgearbeitete Stundenvorschläge für jeweils 45 Minuten. Die Themenauswahl orientiert sich an Sachunterrichtsthemen, wie sie in den meisten Bundesländern in diesen Klassenstufen zu finden sind. Sollte es vorkommen, dass in Ihrem Bundesland ein Thema in einer anderen Klassenstufe bearbeitet wird, ist dies nicht schlimm, da die Anforderungen ohnehin gering gehalten sind, um den DaZ-Lernern das Verständnis ohne allzu große Sprachkenntnisse zu ermöglichen.

Pro Stundenvorschlag finden Sie eine Überblickseite zum Stundenverlauf:

- **Darum geht's:** Hier wird kurz das sachunterrichtliche Thema benannt.
- **Kompetenzerwartungen:** Hier erfahren Sie, was Ihre Schüler lernen werden.
- **Materialliste:** Es wird aufgeführt, was Sie bereitstellen müssen.
- **Das bereiten Sie vor:** Hier werden Angaben zur Vorbereitung gemacht. Die Stundenvorschläge sind so aufgebaut, dass Sie möglichst wenig Vorbereitungsaufwand haben. Meist genügt es, wenn Sie die Kopiervorlagen in Klassenstärke kopieren. Ab und an müssen Sie Materialien, wie Würfel und Spielfiguren, bereitstellen oder Karten ausschneiden, damit die Schüler mit diesen spielen können.
- **Stundenverlauf:** Die Stunden sind in Einstieg, Erarbeitung, Übungsphase und Abschluss gegliedert. Zu jeder Phase wird ein zeitlicher Rahmen vorgeschlagen, der selbstverständlich abweichen kann – das hängt immer von der Lerngruppe ab.
- **Differenzierung:** Falls es nötig, möglich und sinnvoll ist, dass die Materialien in differenzierter Form zur Verfügung gestellt werden, wird in einem farblich unterlegten Kasten darauf verwiesen und gezeigt, wie eine Differenzierung erfolgen kann.

Nach der Überblickseite folgen eine Wortschatzseite sowie eine oder mehrere Materialseiten als Kopiervorlagen. Auf der Wortschatzseite finden Sie für das jeweilige Thema relevante Begriffe, jeweils mit bestimmtem und unbestimmtem Artikel. Die Pluralformen der Begriffe sind nur dann angegeben, wenn sie meiner Meinung nach im normalen Sprachalltag der Schüler vorkommen, ansonsten wurde auf die Pluralformen verzichtet. Mit der Wortschatzseite können Sie auch in den folgenden Stunden weiterarbeiten.

Ideen zur vertiefenden Arbeit mit den Wortschatzseiten

Auf der Wortschatzseite lernen die Kinder die wichtigsten Begriffe zum Bearbeiten der folgenden Arbeitsblätter kennen. Um den Schülern weitere Übungsmöglichkeiten in Folgestunden zu bieten, können Sie mit dieser Wortschatzseite wie folgt verfahren:

- **Wortschatz üben:** Für diesen Vorschlag finden Sie auf Seite 7 eine Kopiervorlage. Kopieren Sie die Wortschatzseite des Themas einmal, schneiden Sie die Bildkarten aus und kleben Sie sie in die vorgesehenen Kästchen. Je nach Leistungsstärke der Schüler können Sie die Bildkarten in der Reihenfolge wie auf der Wortschatzseite abgebildet oder durcheinander aufkleben. Die Schüler nehmen die Wortschatzseite zur Hand und schreiben die Begriffe unter die Bilder. Sollten Sie merken, dass die vorgeschlagenen Stundenverläufe für Ihre Lerngruppe zu kurz sind, können Sie diese Wortschatzübung generell in jede Stunde einbauen, z. B. direkt nach der Erarbeitung oder noch einmal zur Wiederholung am Ende der Stunde. Auch als Vertiefung für zu Hause eignet sich diese Aufgabe.

Allgemeine Hinweise

- **Memo:** Kopieren Sie die Seite für jedes Schülerpaar oder jede Kleingruppe (maximal vier Schüler) 2-mal. Malen Sie die Bild- und Begriffskarten, die zusammengehören, in derselben Farbe an. Schneiden Sie die Karten aus und bewahren Sie jeden Kartensatz in einem eigenen Umschlag. Die Schüler können nun paarweise oder in Kleingruppen nach den bekannten Memo-Regeln spielen. Wichtig ist, dass die Schüler immer benennen, was sie auf den Karten sehen bzw. lesen. Sie können die Erstellung der Materialien auch den Schülern überlassen.

- **Plopp-Spiel:** Kopieren Sie die Kopiervorlage so groß, dass Sie die Bildkarten ausschneiden und in einer Reihe an die Tafel hängen können. Die Bildkarten sollten gut erkennbar sein – alternativ können Sie die Kopiervorlage auch auf OHP-Folie kopieren und ausschneiden. Bilden Sie mit den Schülern einen Stuhl- oder Stehkreis vor der Tafel. Alle stehen zunächst. Beginnen Sie und benennen Sie die erste Bildkarte. Ihr linker Nachbar benennt die zweite Bildkarte usw., bis keine Karte mehr übrig ist. Der Schüler, der dann dran ist, sagt „Plopp" und setzt sich. Anschließend fängt der erste Schüler wieder bei der ersten Bildkarte an. Dies geht so lange, bis nur noch ein Schüler übrig ist.

- **Was fehlt?:** Kopieren Sie die Vorlage so groß, dass Sie die Bildkarten ausschneiden und an die Tafel hängen können. Sie sollten gut erkennbar sein – alternativ können Sie die Vorlage auch auf OHP-Folie kopieren und ausschneiden oder mit einer Dokumentenkamera arbeiten. Hängen Sie die Bildkarten an die Tafel bzw. legen Sie die Folienkarten auf den OHP. Bitten Sie die Kinder, die Augen zu schließen. Entfernen Sie eine Karte, im Anschluss öffnen die Kinder die Augen wieder. Fragen Sie: „Was fehlt?". Wer die Frage beantworten kann, kommt zur Tafel/zum OHP/zur Dokumentenkamera und darf die nächste Karte entfernen. Legen Sie dazu wieder alle Karten auf.

- **Bingo:** Zeichnen Sie eine Bingo-Tabelle an die Tafel (3 x 3-Kästchen). Ihre Schülerinnen und Schüler übertragen die Kästchen auf ein Blatt/ins Heft. Die Kästchen müssen so groß sein, dass man einen Begriff hineinschreiben kann. Geben Sie den Schülern fünf Minuten Zeit, um die Vorlage auszufüllen: In jedes Kästchen wird ein Begriff aus dem aktuell zu lernenden Wortschatz geschrieben oder ein Bild gemalt. Lesen/schreiben/malen Sie nun alle Wörter/Bilder des Wortschatzes. Die Kinder prüfen jeweils in ihrer Vorlage, ob das Wort/Bild in den Kästen steht, und kreuzen an. Wer drei Kreuze waagerecht, senkrecht oder diagonal in einer Reihe hat, ruft „Bingo" und lässt von Ihnen kontrollieren. Das Spiel ist beendet, wenn ein Kind alle Wörter/Bilder seiner Vorlage angekreuzt hat.

- **Paarsuche:** Kopieren Sie die Vorlage und schneiden Sie die Karten aus. Suchen Sie Paare aus einer Bild- und einer Wortkarte raus, sodass jedes Kind eine Karte erhält. Verteilen Sie die Karten an die Kinder. Auf Ihr Kommando gehen die Kinder durch den Raum und suchen ihren Partner. Wer ihn gefunden hat, stellt sich mit dem Partner zusammen vor der Tafel auf. Wenn alle vor der Tafel stehen, benennen die Schüler ihre Paare, hängen die Karten nebeneinander an die Tafel und setzen sich wieder.

- **Kartentausch:** Kopieren Sie die Vorlage, schneiden Sie die Karten aus und kleben Sie Bild- und Wortkarte mit den Rückseiten aneinander. Verteilen Sie die Karten. Die Kinder gehen umher, suchen einen Partner und zeigen ihm nur das Bild. Der Partner benennt es. Dann werden die Karten getauscht und jedes Kind sucht einen neuen Partner.

- **Montagsmaler/Pantomime:** Je nach Inhalt der Karten malen die Kinder die Bilder oder stellen sie dar. Alle anderen Kinder raten. Zeigen Sie dem darstellenden/malenden Kind jeweils die Bild- oder Wortkarte.

Wortschatz üben

Bild einkleben	Bild einkleben	Bild einkleben	Bild einkleben

Bild einkleben	Bild einkleben	Bild einkleben	Bild einkleben

Bild einkleben	Bild einkleben	Bild einkleben	Bild einkleben

Klasse 1/2

1. Schulsachen

Darum geht's

Den Schülerinnen und Schülern soll eine grundsätzliche Orientierung in der Schule ermöglicht werden. Daher lernen sie die Namen von Schulsachen kennen.

Kompetenzerwartungen

Die Kinder können Schulsachen benennen.

Materialliste

- Kopiervorlage „Wortschatz Schulsachen" (S. 11)

Das bereiten Sie vor

- Kopieren Sie die Kopiervorlage „Wortschatz Schulsachen" 3-mal in Klassenstärke und noch 1-mal einzeln.
- Schneiden Sie nur die Bildkarten aus und hängen Sie diese nebeneinander in einer Reihe an die Tafel. Zur besseren Sichtbarkeit können Sie die Bildkarten auch vergrößern oder diese über einen OHP bzw. eine Dokumentenkamera zeigen.

Stundenverlauf

Einstieg (ca. 15 Min.)

Spielen Sie mit den Kindern das Plopp-Spiel. Stellen Sie sich im Kreis so auf, dass jeder die Bildkarten gut sehen kann. Benennen Sie die erste Bildkarte. Ihr Nachbar benennt die zweite usw. Ist keine Karte mehr übrig, sagt das Kind, das nun dran ist, „Plopp" und setzt sich hin. Der nächste Spieler beginnt wieder beim ersten Bild. Das Spiel ist vorbei, wenn nur noch ein Spieler oder eine Spielerin übrig ist.
Die Schülerinnen und Schüler setzen sich an ihre Plätze zurück. Bitten Sie sie nun, die Augen zu schließen. Nehmen Sie eine Bildkarte weg. Bitten Sie die Kinder, die Augen wieder zu öffnen, und fragen Sie: „Was fehlt?" Ein Kind nennt den fehlenden Gegenstand und darf in der nächsten Runde eine Bildkarte wegnehmen. Hängen Sie zuvor das fehlende Bild wieder auf.

Erarbeitung (ca. 10 Min.)

Die Schüler bearbeiten die Kopiervorlage „Wortschatz Schulsachen" in Einzelarbeit.

Übungsphase (ca. 15 Min.)

Geben Sie jeweils zwei Schülern zwei Kopiervorlagen „Wortschatz Schulsachen". Die Kinder schneiden nur die Bildkarten aus und spielen damit nach den bekannten Memo-Regeln. Das Spiel kann mehrfach gespielt werden, bis die Zeit der Übungsphase um ist.

Abschluss (ca. 5–10 Min.)

Teilen Sie die Klasse in zwei Gruppen. Jede Gruppe stellt sich in einer Reihe auf. Bitten Sie die beiden vordersten Kinder zu sich. Nennen oder zeigen Sie eine Bildkarte und zählen Sie bis drei. Bei drei rennen beide Kinder los und versuchen, möglichst schnell den auf der Bildkarte abgebildeten Gegenstand (z. B. ein Heft) zu Ihnen zu bringen. Wem dies zuerst gelingt, der holt einen Punkt für seine Gruppe. Führen Sie eine Strichliste über die Punkte.

Differenzierung

Abschluss: Sie können entweder nur die Bildkarte zeigen und einen Zusatzpunkt vergeben, wenn die Kinder wissen, wie der Gegenstand heißt. Oder Sie benennen nur den Gegenstand – dann sollten Sie aber sicher sein, dass die Schüler die Gegenstände gut kennen.

Wortschatz Schulsachen

Male mit der gleichen Farbe an, was zusammengehört. 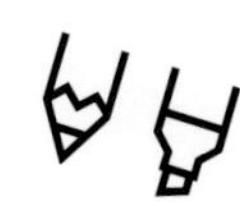

die / eine Schule die Schulen	das / ein Klassenzimmer	die / eine Tafel	die / eine Federmappe die Federmappen
© Norbert Höveler	© Anja Boretzki	© Norbert Höveler	© Norbert Höveler

das / ein Heft die Hefte	der / ein Ordner die / eine Mappe	das / ein Buch die Bücher	die / eine Schultasche die Schultaschen
© Verlag an der Ruhr	© Norbert Höveler	© Norbert Höveler	© Norbert Höveler

der / ein Stift die Stifte	der / ein Radiergummi die Radiergummis	das / ein Lineal die Lineale	der / ein Spitzer die Spitzer
© Norbert Höveler	© Norbert Höveler	© Norbert Höveler	© Norbert Höveler

Fahrzeuge

Darum geht's

Die Schüler lernen verschiedene Fahrzeuge und ihre Einsatzbereiche (Wasser, Erde, Luft) kennen.

Kompetenzerwartungen

Die Kinder
- kennen Fahrzeuge und können diese benennen.
- können die Einsatzbereiche der Fahrzeuge angeben.

Materialliste

- Kopiervorlage „Wortschatz Fahrzeuge" (S. 13)
- Kopiervorlage „Fahrzeuge sortieren" (S. 14)
- pro Kleingruppe (2–4 Spieler) ein Würfel

Das bereiten Sie vor

- Kopieren Sie beide Kopiervorlagen in Klassenstärke.
- Kopieren Sie die Kopiervorlage „Fahrzeuge sortieren" 1-mal und erstellen Sie ein Lösungsblatt.

Stundenverlauf

Einstieg (ca. 5–10 Min.)

Hängen Sie die Bildkarten an die Tafel und besprechen Sie mit den Kindern, wie die Fahrzeuge heißen und welche Geräusche sie machen. Spielen Sie das Spiel „Mein rechter, rechter Platz ist frei." Die Kinder fragen: „Womit soll ich kommen?" Als Antwort wird ein Fahrzeug genannt (z. B. „Du sollst mit dem Auto kommen."). Die Kinder wechseln den Platz und ahmen dabei die Fahrt mit dem jeweiligen Fahrzeug nach (Geräusche und Gesten).
Sortieren Sie mit den Kindern die Bilder nach Einsatzbereichen (Wasser, Straße, Luft).

Erarbeitung (ca. 10 Min.)

Die Schüler bearbeiten die Kopiervorlage „Wortschatz Fahrzeuge".

Übungsphase (ca. 20 Min.)

Die Schüler spielen in Kleingruppen (2–4 Spieler) das Würfelspiel „Fahrzeuge sortieren". Bei Unklarheiten können die Schüler auf das Lösungsblatt schauen. Fertige Schüler würfeln weiter und malen jeweils ein Fahrzeug an. Sie sprechen dazu: „Das Auto fährt auf der Straße. Ich male es rot an." Brechen Sie die Phase nach ca. 20 Minuten ab.

Abschluss (ca. 5 Min.)

Malen Sie einen Tisch und einen Stuhl an die Tafel. Malen Sie auf den Tisch ein Flugzeug, auf den Stuhl ein Auto, unter den Tisch ein Schiff (nutzen Sie alternativ vergrößerte Bildkarten). Erklären Sie den Schülern das Spiel „Wasser, Erde, Luft". Es funktioniert ähnlich wie das bekannte Spiel „Feuer, Wasser, Luft". Alle Kinder stehen. Nennen Sie ein Fahrzeug. Die Kinder entscheiden sich blitzschnell, ob das Flugzeug sich in der Luft, auf der Erde oder im Wasser bewegt, und nehmen die entsprechende Position ein:

in der Luft = sich auf den Tisch setzen
auf der Erde = sich auf den Stuhl setzen
im Wasser = sich unter den Tisch setzen

Formulieren Sie mit den Kindern einen passenden Satz (z. B. „Ein Hubschrauber fliegt in der Luft."). Wer es richtig gemacht hat, darf weiterspielen; wer falsch lag, scheidet aus.

Wortschatz Fahrzeuge

Male mit der gleichen Farbe an, was zusammengehört. 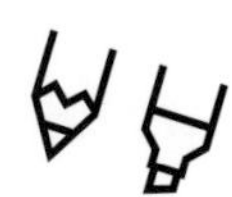

das / ein Auto die Autos	das / ein Fahrrad die Fahrräder	der / ein Zug die Züge	das / ein Schiff die Schiffe
© Norbert Höveler	© Norbert Höveler	© Norbert Höveler	© Norbert Höveler

der / ein Bus die Busse	die / eine Rakete die Raketen	der / ein Roller die Roller	der / ein Lkw die Lkws
© Norbert Höveler	© Norbert Höveler	© Norbert Höveler	© Norbert Höveler

der / ein Traktor die Traktoren	der / ein Hubschrauber die Hubschrauber	der / ein Heißluftballon die Heißluftballons	das / ein Segelboot die Segelboote
© Norbert Höveler	© Verlag an der Ruhr	© Verlag an der Ruhr	© Norbert Höveler

Fahrzeuge sortieren

Würfelspiel für 2–4 Spieler:

1. **Schneide die Karten unten aus und lege sie vor dich hin.**
2. **Würfele, suche ein passendes Bild aus und klebe es auf. Sprich dazu zum Beispiel: „Das Segelboot schwimmt im Wasser."**

Gewonnen hat, wer zuerst alle Bilder aufgeklebt hat.

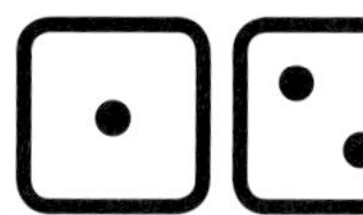  ➲ Wasser   ➲ Straße   ➲ Luft

© Norbert Höveler

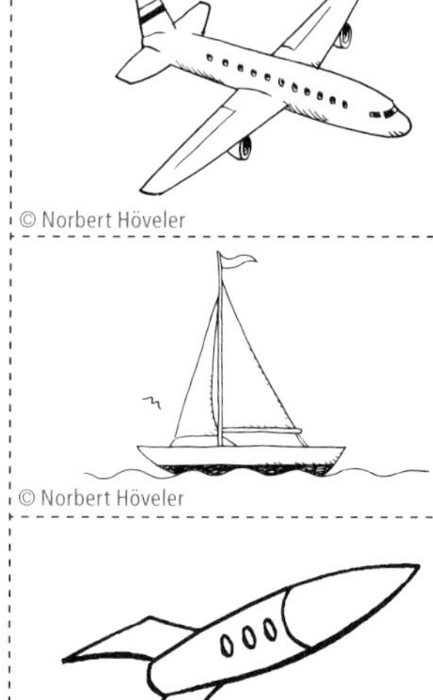 © Norbert Höveler	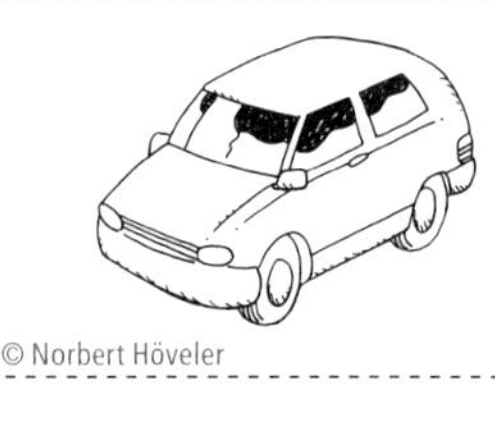 © Norbert Höveler	 © Norbert Höveler	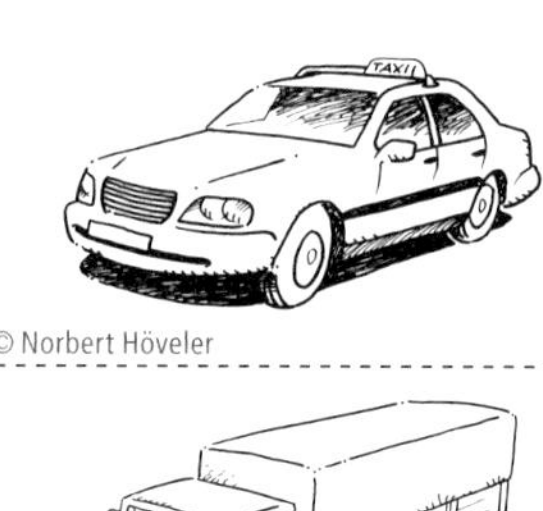 © Norbert Höveler
© Norbert Höveler	 © Norbert Höveler	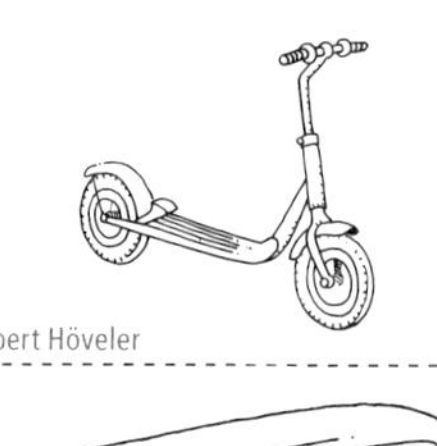 © Norbert Höveler	© Norbert Höveler
© Norbert Höveler	 © Velag an der Ruhr	 © Norbert Höveler	 © Velag an der Ruhr

3. Schulweg

Darum geht's

Die Schüler erweitern ihren Wortschatz zum Thema „Schulweg".

Kompetenzerwartungen

Die Kinder kennen einzelne Begriffe aus dem Wortschatz Verkehr, z. T. mit den jeweiligen Bedeutungen.

Materialliste

- Kopiervorlage „Wortschatz Schulweg" (S. 16)
- Kopiervorlage „Würfelspiel Schulweg" (S. 17)
- pro Schüler eine Spielfigur, pro Gruppe (2–4 Kinder) ein Würfel

Das bereiten Sie vor

- Kopieren Sie die Kopiervorlage „Wortschatz Schulweg" 1-mal in Klassenstärke, für jede Kleingruppe (2–4 Spieler) 2-mal.
- Kopieren Sie die Kopiervorlage „Wortschatz Schulweg" 1-mal (evtl. vergrößert) und schneiden Sie die Bildkarten aus.
- Kopieren Sie die Kopiervorlage „Würfelspiel Schulweg" 1-mal für jede Gruppe.

Stundenverlauf

Einstieg (ca. 10 Min.)

Besprechen Sie die Kopiervorlage „Wortschatz Schulweg" mit den Kindern. Wählen Sie sechs Karten aus, die Sie an die Tafel hängen (3 x 2). Bitten Sie zwei Schüler nach vorn. Nennen Sie den Schülern einen Begriff, der auf den Karten abgebildet ist. Beide Schüler suchen die passende Karte und schlagen möglichst schnell darauf. Nennen Sie jedem Schülerpaar drei Begriffe, nehmen Sie dann andere Schüler dran. Tauschen Sie nach ein paar Runden die Karten gegen andere aus.

Erarbeitung (ca. 10 Min.)

Die Schüler bearbeiten die Kopiervorlage „Wortschatz Schulweg" in Einzelarbeit.

Übungsphase (ca. 20 Min.)

Die Schülerinnen und Schüler spielen in Kleingruppen (2–4 Kinder) das „Würfelspiel Schulweg". Gruppen, die das Spiel beendet haben, holen sich bei Ihnen zwei Kopiervorlagen „Wortschatz Schulweg", schneiden nur die Bildkarten aus und spielen nach den bekannten Memo-Regeln.

Abschluss (ca. 5 Min.)

Hängen Sie sechs Bildkarten an die Tafel. Bitten Sie die Schülerinnen und Schüler, die Augen zu schließen. Nehmen Sie eine Bildkarte weg. Bitten Sie die Kinder, die Augen wieder zu öffnen. Fragen Sie: „Was fehlt?" Ein Kind nennt die fehlende Bildkarte, kommt nach vorn und darf eine andere Bildkarte entfernen, nachdem die fehlende wieder ergänzt wurde.

Differenzierung

Übungsphase: Leistungsschwache Schüler benennen, was sie auf dem besonderen Feld sehen, leistungsstarke Schüler ergänzen die Bedeutung (z. B. „Am Zebrastreifen halten die Autos an. Ich kann sicher über die Straße gehen.").

Wortschatz Schulweg

Male mit der gleichen Farbe an, was zusammengehört. 

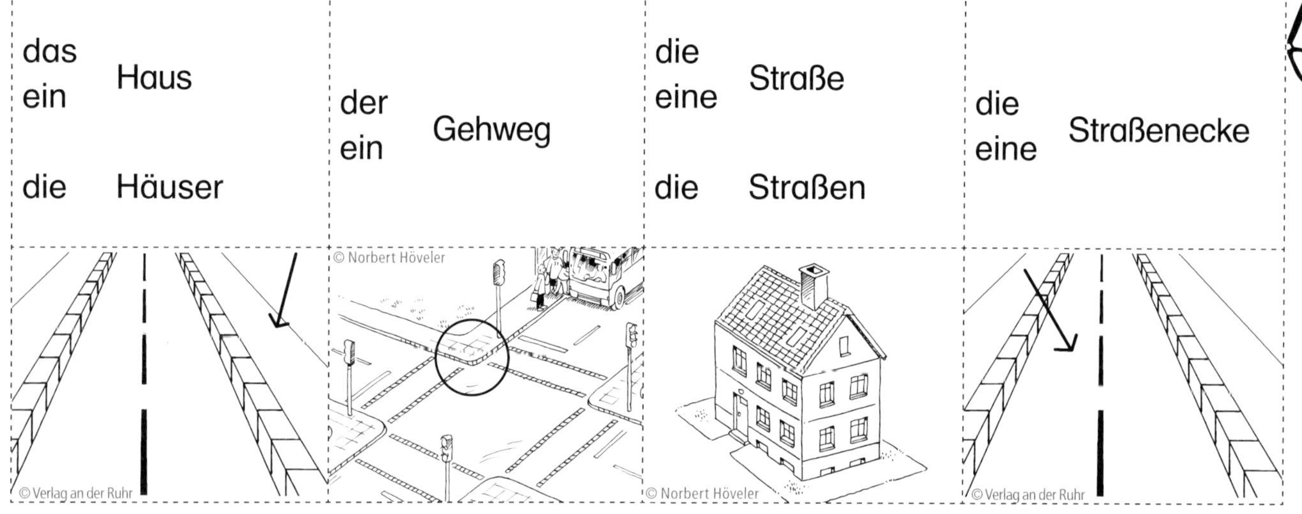

das ein Haus die Häuser	der ein Gehweg	die eine Straße die Straßen	die eine Straßenecke
© Verlag an der Ruhr	© Norbert Höveler	© Norbert Höveler	© Verlag an der Ruhr

die eine Kreuzung	die eine Ampel die Ampeln	der ein Zebrastreifen	nach rechts
	© Norbert Höveler	© Norbert Höveler	© Jens Müller

nach links	geradeaus	der ein Radweg	der ein Fußgängerweg
	© Verlag an der Ruhr	© Verlag an der Ruhr	

Würfelspiel Schulweg

Spiel für 2–4 Spieler:

1. **Würfele und ziehe deine Figur.**
2. **Erkläre, was du siehst, wenn du auf ein besonderes Feld kommst, zum Beispiel: „Das ist ein Zebrastreifen."**

Es gewinnt das Kind, das als erstes im Ziel ankommt.

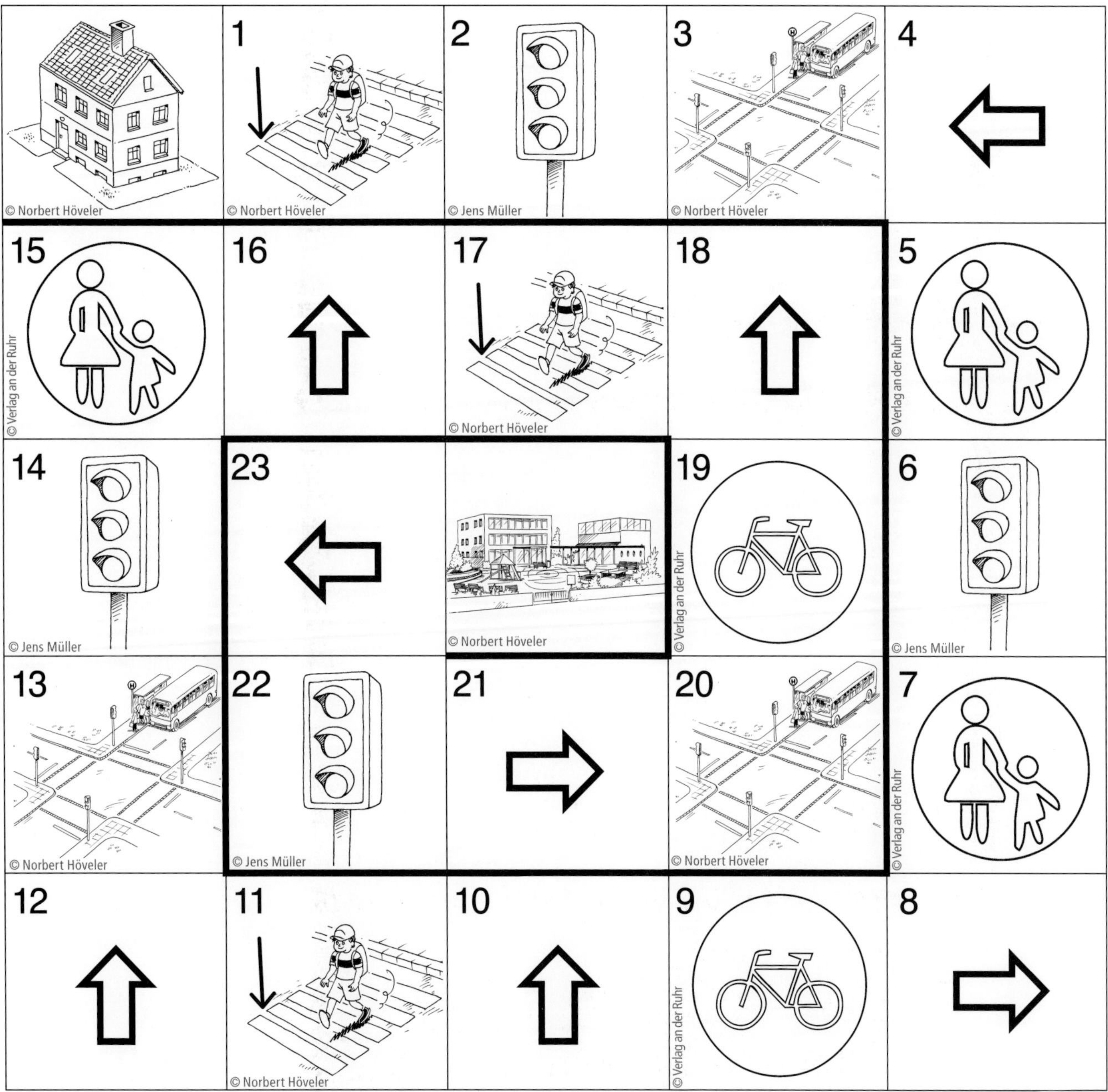

© Verlag an der Ruhr | Autorin: Nina Wilkening | ISBN 978-3-8346-4149-6 | www.verlagruhr.de

4. Familie

Darum geht's

Die Schüler lernen die Bezeichnungen der Familienmitglieder kennen. Sie festigen den Wortschatz zum Thema „Farben" und „Kleidung".

Kompetenzerwartungen

Die Kinder
- kennen die Bezeichnungen für Familienmitglieder.
- können einfache Sätze lesen.
- können Personen als Familienmitglieder identifizieren.
- können nach Vorgaben Kleidungsstücke anmalen.

Materialliste

- Kopiervorlage „Wortschatz Familie" (S. 19)
- Kopiervorlage „Familienfoto" (S. 20)
- pro Schüler ein Blankoblatt, DIN A4

Das bereiten Sie vor

- Kopieren Sie die Vorlage „Wortschatz Familie" und die Vorlage „Familienfoto" 1-mal in Klassenstärke.
- Kopieren Sie die Vorlage „Familienfoto" 1-mal und erstellen Sie ein Lösungsblatt.
- Malen Sie selbst ein Bild von Ihrer Familie. Alternativ können Sie auch ein Foto mitbringen.

Stundenverlauf

Einstieg (ca. 10 Min.)

Treffen Sie sich mit den Kindern im Sitzkreis. Zeigen Sie den Kindern die Kopiervorlage „Familienfoto". Besprechen Sie mit den Kindern, wie die einzelnen Familienmitglieder genannt werden. Stellen Sie eine Tätigkeit pantomimisch dar und fragen Sie die Kinder, wer diese Tätigkeit ausüben könnte (z. B. kochen, Fußball spielen, lesen, Auto fahren, schlafen etc.). Sprechen Sie mit den Kindern reihum einen passenden Satz und machen Sie dazu die passende Bewegung (z. B. „Der Vater kocht.").

Erarbeitung (ca. 10 Min.)

Die Schülerinnen und Schüler bearbeiten die Kopiervorlage „Wortschatz Familie" in Einzelarbeit.

Übungsphase (ca. 20 Min.)

Erklären Sie den Kindern die Aufgaben und zeigen Sie ihnen Ihr Familienbild.
Die Schüler bearbeiten die Kopiervorlage „Familienfoto" in Einzelarbeit und kontrollieren ihre Ergebnisse mithilfe des Lösungsblatts.
Anschließend malen die Schüler ihre eigene Familie auf das Blankoblatt und schreiben passende Sätze: „Mein Vater heißt/Der Vater heißt …". „Meine Mutter heißt …". Die Kopiervorlage „Familienfoto" kann bei der Formulierung der Sätze als Hilfe zur Verfügung stehen.

Abschluss (ca. 5 Min.)

Treffen Sie sich mit den Kindern im Sitzkreis. Jedes bringt sein gemaltes Familienbild mit und stellt es vor.

Wortschatz Familie

Male mit der gleichen Farbe an, was zusammengehört. 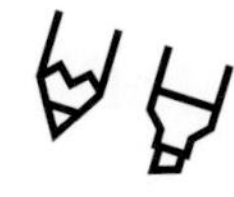

das ein Kind die Kinder	die eine Tochter die Töchter	der ein Sohn die Söhne	die eine Mutter die Mütter
 © Norbert Höveler	 © Norbert Höveler	 © Norbert Höveler	 © Norbert Höveler
der ein Vater die Väter	die Eltern	die eine Oma die Omas	der ein Opa die Opas
 © Norbert Höveler	 © Norbert Höveler	 © Norbert Höveler	 © Norbert Höveler
der ein Hund die Hunde	das ein Baby die Babys	die eine Katze die Katzen	die eine Familie die Familien
 © Norbert Höveler	 © Norbert Höveler	 © Norbert Höveler	 © Norbert Höveler

Familienfoto

1. **Sieh dir das Bild an.**
2. **Schreibe auf, wie die Personen heißen.**
3. **Male richtig an.**

Die Mutter heißt .... Ihre  ist rot.

Der Vater heißt .... Sein  ist blau.

Der Opa heißt .... Sein  ist grün.

Die Oma heißt .... Ihr  ist rot.

Der Sohn heißt .... Seine  ist blau.

Die Tochter heißt .... Ihre  sind schwarz.

© Verlag an der Ruhr | Autorin: Nina Wilkening | ISBN 978-3-8346-4149-6 | www.verlagruhr.de

5. Sinne

Darum geht's

Die Schüler lernen die Sinnesorgane und ihre Funktionen kennen.

Kompetenzerwartungen

Die Kinder
- können die Sinnesorgane benennen.
- können in Sätzen ausdrücken, was sie mit den Sinnesorganen machen können, z. B.: „Ich rieche mit der Nase den Käse. Ich sehe mit den Augen die Sonne."

Materialliste

- Kopiervorlage „Wortschatz: Sinne" (S. 22)
- Kopiervorlage „Sinnesspiel" (S. 23)
- pro Kleingruppe ein Würfel, pro Spieler eine Spielfigur
- Fühlsack mit Gegenständen für alle Sinne, z. B. Bonbon, Parfüm, CD, Buch, Gabel

Das bereiten Sie vor

- Kopieren Sie die Kopiervorlage „Wortschatz Sinne" 1-mal in Klassenstärke.
- Kopieren Sie die Kopiervorlage „Sinnesspiel" 1-mal für jede Gruppe.
- Malen Sie auf DIN A4-Blätter je ein Sinnesorgan: Nase, Ohr, Auge, Zunge, Hand (vergrößern Sie alternativ die Bildkarten).
- Legen Sie in einen Fühlsack Gegenstände (siehe oben): mindestens einen pro Kind und einen für Sie.

Stundenverlauf

Einstieg (ca. 5–10 Min.)

Treffen Sie sich mit den Kindern im Stuhlkreis. Legen Sie die Sinnesbilder auf den Boden. Nehmen Sie einen Gegenstand aus dem Fühlsack heraus, zeigen Sie ihn den Kindern und legen Sie ihn mit einer Erklärung (z. B. „Ich rieche das Parfüm.") zum passenden Sinnesbild. Geben Sie den Fühlsack an Ihren Nachbarn weiter. Auf diese Weise sollen alle Gegenstände sortiert werden.

Erarbeitung (10 Min.)

Die Schüler erarbeiten die Kopiervorlage „Wortschatz Sinne" in Einzelarbeit.

Übungsphase (ca. 20 Min.)

Teilen Sie die Spielgruppen ein (2–4 Spieler) und verteilen Sie die Materialien. Die Kinder spielen gemeinsam das Spiel. Achten Sie darauf, dass die Kinder jedes Mal, wenn sie auf ein Feld kommen, erklären, mit welchem Sinnesorgan sie den abgebildeten Gegenstand wahrnehmen, z. B. „Ich schmecke das Eis mit der Zunge". Mehrfachnennungen sind möglich. Halten Sie evtl. die Differenzierung bereit.

Abschluss (10 Min.)

Spielen Sie mit den Kindern „Ich sehe was, was du nicht siehst". In leistungsstärkeren Klassen können Sie auch die anderen Sinne behandeln: „Ich höre was, was du nicht hörst", „Ich schmecke was, was du nicht schmeckst", „Ich rieche was, was du nicht riechst".

Differenzierung Übungsphase

- für schnelle Schüler: Halten Sie für jeden Schüler eine Kopiervorlage „Sinnesspiel" bereit. Die Schüler wählen für jedes Sinnesorgan eine Farbe und malen die Kästchen in der passenden Farbe/den passenden Farben an.
- für sehr schwache Schüler: Spielen Sie mit und unterstützen Sie die Kinder, wenn ihnen ein Wort fehlt.

Wortschatz Sinne

Male mit der gleichen Farbe an, was zusammengehört. 

das / ein Auge die Augen	die / eine Nase die Nasen	die / eine Hand die Hände	die / eine Zunge die Zungen
© Norbert Höveler	© Norbert Höveler	© Norbert Höveler	© Norbert Höveler

das / ein Ohr die Ohren	tasten	schmecken	die / eine Haut
© Norbert Höveler	© Norbert Höveler	© Norbert Höveler	© Verlag an der Ruhr

riechen	hören	der / ein Finger die Finger	das / ein Sinnesorgan die Sinnesorgane
© Verlag an der Ruhr	© Norbert Höveler	© Norbert Höveler	© Norbert Höveler

© Verlag an der Ruhr | Autorin: Nina Wilkening | ISBN 978-3-8346-4149-6 | www.verlagruhr.de

Sinnespiel

1. Würfele und setze deine Figur auf das passende Feld.
2. Sage, ob du den Gegenstand siehst, hörst, fühlst, schmeckst oder riechst.

Zum Beispiel: „Ich höre, sehe und taste das Radio."

© Verlag an der Ruhr | Autorin: Nina Wilkening | ISBN 978-3-8346-4149-6 | www.verlagruhr.de

Gesunde Ernährung

Darum geht's

Die Schüler lernen die Ernähungspyramide kennen und erweitern ihren Wortschatz zum Thema „Lebensmittel".

Kompetenzerwartungen

Die Kinder
- kennen und verstehen das Prinzip der Ernährungspyramide.
- können Lebensmittel den Segmenten zuordnen.
- können Lebensmittel benennen.

Materialliste

- Kopiervorlage „Wortschatz Ernährung" (S. 25)
- Kopiervorlage „Lebensmittel" (S. 27)
- Kopiervorlage „Ernährungspyramide" (S. 26)
- Magnete für die Tafel
- pro Spielgruppe (2–4 Schüler) ein Würfel

Das bereiten Sie vor

- Kopieren Sie alle drei Vorlagen in Klassenstärke.
- Kopieren Sie die Vorlage „Lebensmittel" 2-mal. Erstellen Sie von einer Kopie ein Lösungsblatt, schneiden Sie die Karten der anderen Kopie aus und legen Sie diese für den Einstieg bereit.

Stundenverlauf

Einstieg (ca. 5–10 Min.)

Malen Sie drei Smileys an die Tafel: einen lachenden, einen „neutralen" und einen weinenden Smiley. Verteilen Sie die Bildkarten an die Schüler und bitten Sie diese, die Lebensmittel zu benennen und den Smileys zuzuordnen („Welche Lebensmittel sind gesund?", „Welche sind ungesund?").
Alternativ kann diese Phase unter Einsatz der Dokumentenkamera oder des OHP erfolgen.

Erarbeitung (ca. 10 Min.)

Die Schüler bearbeiten die Kopiervorlage „Wortschatz Ernährung" in Einzelarbeit.

Übungsphase (ca. 20 Min.)

Die Schüler bearbeiten zunächst in Einzelarbeit die Kopiervorlage „Lebensmittel" und kontrollieren selbstständig mithilfe des Lösungsblattes ihre Ergebnisse: Sie erweitern und festigen ihren Wortschatz.
Anschließend treffen sie sich in Kleingruppen (2–4 Spieler) und spielen das Würfelspiel „Ernährungspyramide".

Abschluss (ca. 5–10 Min.)

Spielen Sie das Spiel „Montagsmaler". Teilen Sie die Klasse dazu in zwei Gruppen ein. Wählen Sie einen Schüler aus, der nach vorn kommt. Zeigen Sie ihm eine Lebensmittel-Karte. Der Schüler versucht, das Lebensmittel an die Tafel zu zeichnen. Beide Gruppen raten und rufen ihre Lösungen. Wer die richtige Antwort nennt, gewinnt einen Punkt für seine Gruppe. Wer sagen kann, zu welchem Segment (z. B. Getreideprodukte) das Lebensmittel gehört, gewinnt für sein Team einen weiteren Punkt. Führen Sie eine Strichliste über die Punkte der Gruppen.

Wortschatz Ernährung

Male mit der gleichen Farbe an, was zusammengehört. 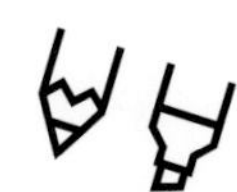

die / eine Schokolade die Schokoladen	das / ein Öl	die / eine Wurst die Würste	der / ein Fisch die Fische
© Norbert Höveler	© Norbert Höveler	© Norbert Höveler	© Norbert Höveler

der / ein Käse	das / ein Ei die Eier	das / ein Fleisch	die / eine Milch
© Verlag an der Ruhr	© Norbert Höveler	© Norbert Höveler	© Norbert Höveler

 © Verlag an der Ruhr | Autorin: Nina Wilkening | ISBN 978-3-8346-4149-6 | www.verlagruhr.de

Ernährungspyramide

1. Würfelt.

2. Malt immer ein Lebensmittel in der Pyramide an, je nachdem, welche Zahl ihr gewürfelt habt. Sprecht dazu, zum Beispiel: „Ich male die Banane an. Die Banane gehört zur Gruppe Obst und Gemüse.“

Wer alle Lebensmittel in einem Bereich angemalt hat und diesen Bereich würfelt, setzt aus. Gewonnen hat, wer alles angemalt hat.

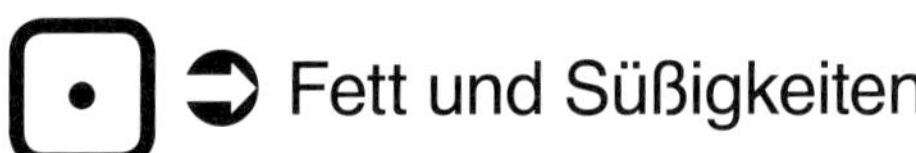
- ⚀ ➲ Fett und Süßigkeiten 
- ⚃ ➲ Getreideprodukte und Kartoffeln 
- ⚁ ➲ Fleisch, Wurst, Fisch und Ei 
- ⚄ ➲ Obst und Gemüse 
- ⚂ ➲ Milch und Milchprodukte 
- ⚅ ➲ Getränke 

© Verlag an der Ruhr | Autorin: Nina Wilkening | ISBN 978-3-8346-4149-6 | www.verlagruhr.de

Arbeitsblatt

Lebensmittel

1. Schreibe die Lebensmittelnamen auf die Linien.

2. Verbinde das Bild mit den richtigen Bereichen der Pyramide.

....

....

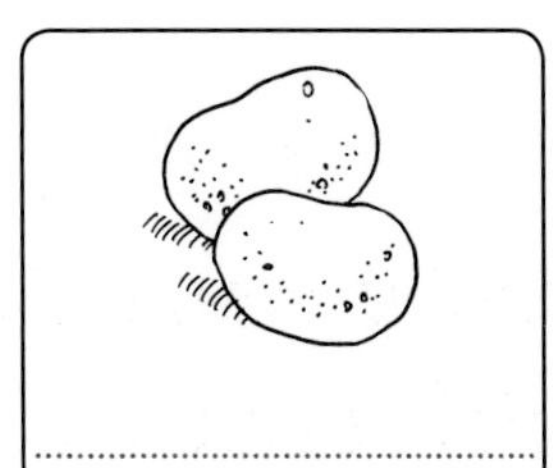

....

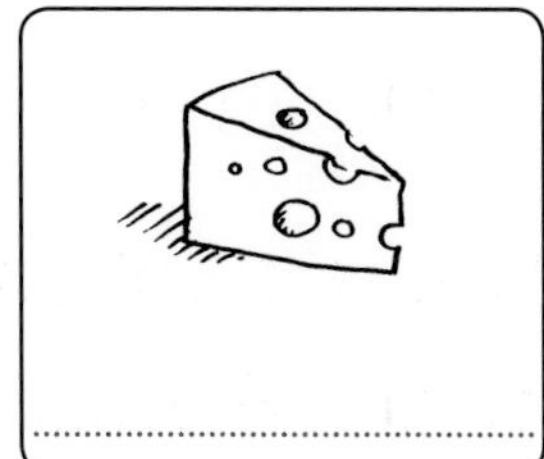

....

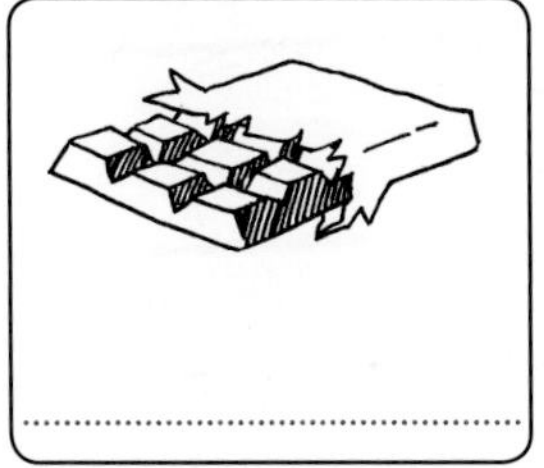

....

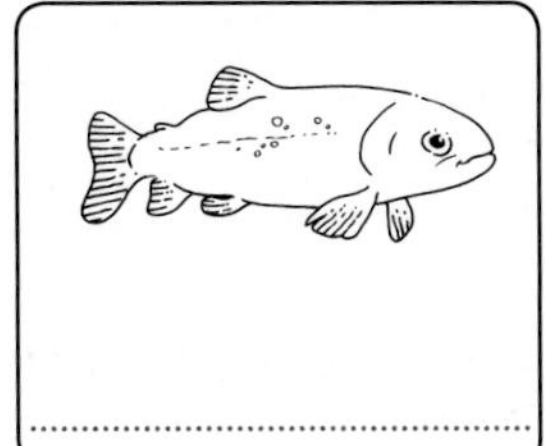

....

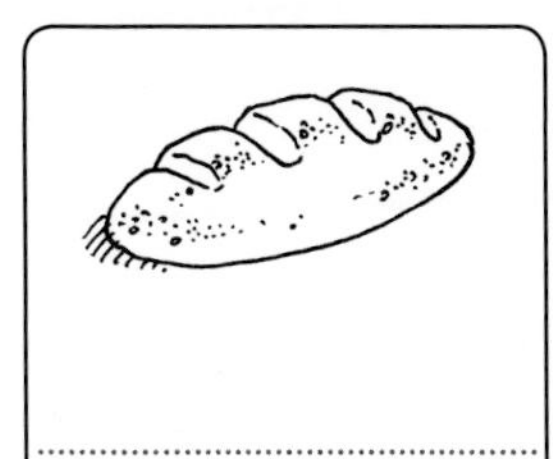

....

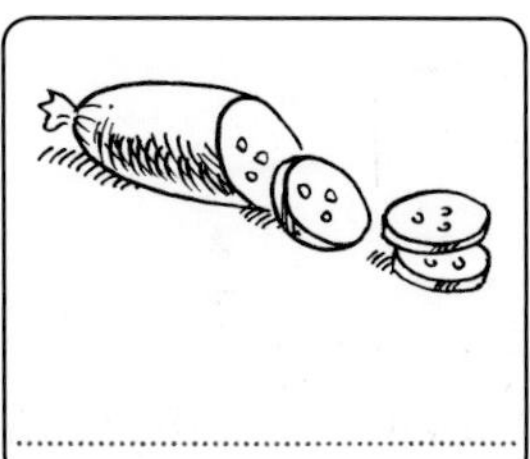

....

....

....

....

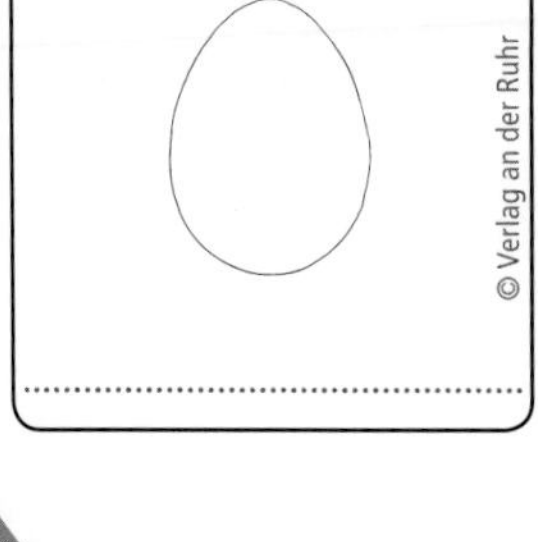

....

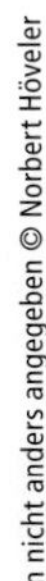

7. Vögel

Darum geht's

Die Schüler lernen wichtige heimische Vogelarten (Gartenvögel, Wasservögel, Zugvögel) kennen, festigen den Wortschatz zum Thema „Farben" und erweitern ihren Wortschatz zum Thema „Vögel".

Kompetenzerwartungen

Die Kinder

- erkennen einige heimische Vögel und können sie benennen.
- kennen Farben und Körperteile von Vögeln und können Vögel nach Vorgaben anmalen.

Materialliste

- Kopiervorlage „Wortschatz Vögel" (S. 29)
- Kopiervorlage „Vögel anmalen" (S. 30)

Das bereiten Sie vor

- Kopieren Sie die Vorlagen „Wortschatz Vögel" und „Vögel anmalen" in Klassenstärke.
- Kopieren Sie die Kopiervorlage „Vögel anmalen" 1-mal und erstellen Sie ein Lösungsblatt.
- Erstellen Sie für jede Kleingruppe (2–4 Spieler) aus je zwei weiteren Kopien der Kopiervorlage „Wortschatz Vögel" einen Satz Memo-Karten. Sie benötigen dazu jeweils nur die Bildkarten. Sammeln Sie jeden Memo-Satz in einem Briefumschlag.

Stundenverlauf

Einstieg (ca. 5–10 Min.)

Zeigen Sie den Kindern zunächst die Kopiervorlage „Wortschatz Vögel". Decken Sie dabei die Wortkarten mit Papierstreifen ab. Fragen Sie die Kinder, ob sie die Namen der abgebildeten Vögel kennen.
Besprechen Sie anhand der Kopiervorlage „Vögel anmalen" mit den Schülern die Körperteile der Vögel und vergleichen Sie diese mit den Körperteilen des Menschen: „Was ist gleich? Was ist anders? Wie heißt das beim Menschen?"
Erklären Sie den Schülern die Aufgaben der Erarbeitungs- und Übungsphase.

Erarbeitung (ca. 10 Min.)

Die Schüler bearbeiten die Kopiervorlage „Wortschatz Vögel" in Einzelarbeit.

Übungsphase (ca. 20 Min.)

Die Schüler bearbeiten zunächst in Einzelarbeit die Kopiervorlage „Vögel anmalen" und kontrollieren ihre Ergebnisse selbstständig am Lösungsblatt.
Fertige Schüler spielen in der Kleingruppe (2–4 Schüler) „Vogel-Memo". Achten Sie darauf, dass die Kinder die Vögel benennen („Das ist eine Amsel. – Das ist eine Ente."). Das Spiel kann mehrfach gespielt werden, bis die Zeit um ist.

Abschluss (ca. 5–10 Min.)

Spielen Sie mit den Kindern das Spiel „Menschen-Memo". Schicken Sie zwei Kinder (Spieler) kurz nach draußen. Verteilen Sie an die übrigen Kinder Vogel-Memo-Karten. Achten Sie darauf, dass es von jedem Vogel zwei Exemplare gibt. Die Schüler setzen sich auf die Tische. Holen Sie die Spieler wieder herein. Der erste Spieler ruft nacheinander zwei Kinder auf und fragt: „Welcher Vogel bist du?" – Die aufgerufenen Schüler antworten z. B.: „Ich bin ein Storch." Wird ein Paar gefunden, setzen sich die Schüler auf ihre Stühle. Führen Sie eine Strichliste, um den Gewinner zu ermitteln. Das Spiel kann mehrfach gespielt werden.

Wortschatz Vögel

Male mit der gleichen Farbe an, was zusammengehört. 

die / eine Amsel die Amseln	der / ein Buchfink die Buchfinken	der / ein Spatz die Spatzen	die / eine Taube die Tauben
© sid221 – Fotolia.com	© cmnaumann – Fotolia.com	© Farinoza – Fotolia.com	© Wolfgang Kruck – Fotolia.com

der / ein Storch die Störche	das / ein Rotkehlchen die Rotkehlchen	die / eine Blaumeise die Blaumeisen	der / ein Dompfaff die Dompfaffe
© svenaw – Fotolia.com	© Alexander Potapov – Fotolia.com	© Manfred Stöber – stock.adobe.com	© fotomaster – Fotolia.com

die / eine Schwalbe die Schwalben	die / eine Ente die Enten	der / ein Schwan die Schwäne	die / eine Gans die Gänse
© igorsky – Fotolia.com	© shishiga – Fotolia.com	© cristianstorto – Fotolia.com	© Steve Byland – Fotolia.com

Vögel anmalen

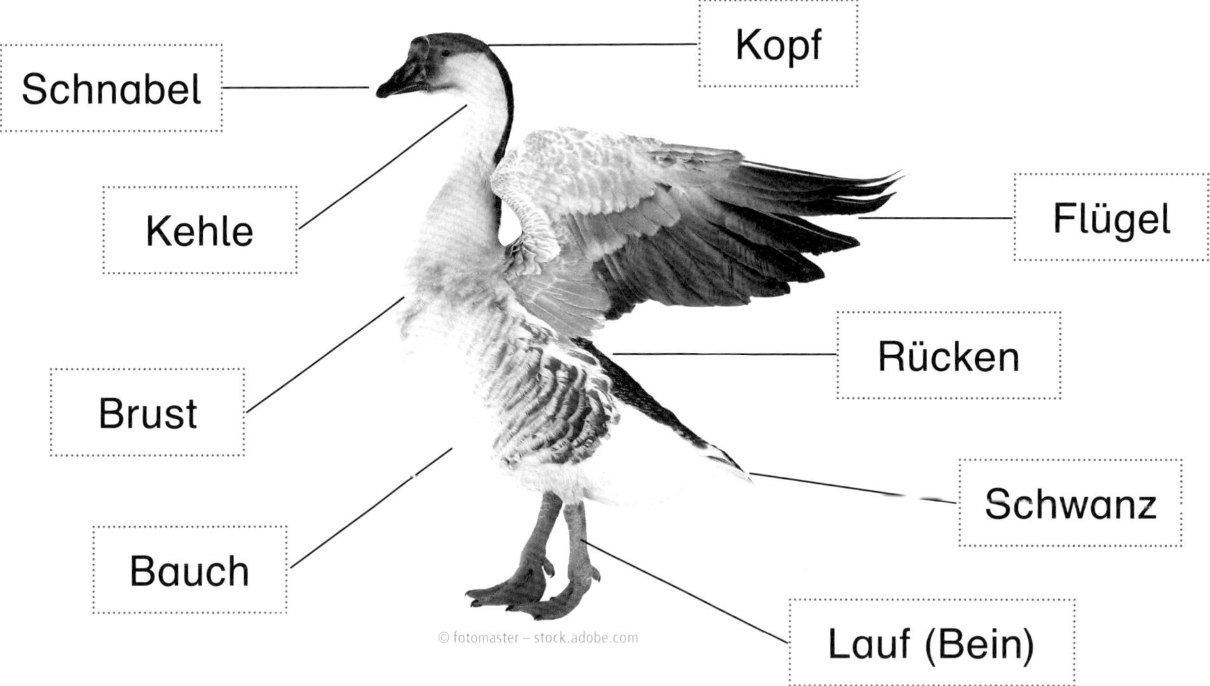

Male die Vögel an.

Der Storch hat …
… einen orangefarbenen Schnabel.
… weiße und schwarze Flügel.
… orangefarbene Läufe.

Die Ente hat …
… einen gelben Schnabel.
… einen blauen Hinterkopf und
sonst einen grünen Kopf.
… eine braune Brust.

Die Taube hat …
… einen dunkelgrauen Kopf.
… einen hellgrauen Bauch.
… zwei schwarze Streifen auf den Flügeln.

© Verlag an der Ruhr | Autorin: Nina Wilkening | ISBN 978-3-8346-4149-6 | www.verlagruhr.de

8. Haustiere und Zootiere

Darum geht's

Die Schüler lernen Haus- und Zootiere kennen.

Kompetenzerwartungen

Die Kinder
- kennen Namen, Aussehen, Tierlaute und Bewegungsformen von einigen Haus- und Zootieren.
- sprechen einfache Sätze.

Materialliste

- Kopiervorlage „Wortschatz Haustiere und Zootiere" (S. 32)
- Kopiervorlage „Tiere einfangen" (S. 33)
- pro Schüler eine Spielfigur, pro Gruppe ein Würfel

Das bereiten Sie vor

- Kopieren Sie die Kopiervorlage „Wortschatz Haustiere und Zootiere" in Klassenstärke
- Kopieren Sie die Kopiervorlage „Tiere einfangen" für jede Gruppe (2–4 Spieler) 1-mal.

Stundenverlauf

Einstieg (ca. 10 Min.)

Treffen Sie sich mit den Schülern im Sitzkreis und spielen Sie das Spiel „Die Tiere sind frei". Zeigen Sie den Schülern jedes Tierbild einzeln, besprechen Sie mit den Schülern, wie die Tiere heißen, und ahmen Sie gemeinsam mit ihnen die Tierlaute nach. Verteilen Sie die Tierbilder an die Kinder. Bitten Sie jedes Kind, sich vorzustellen (z. B.: „Ich bin ein Affe."). Suchen Sie ein Kind aus, das sich in die Mitte des Kreises stellt. Stellen Sie Ihren und dessen Stuhl außerhalb des Kreises hin. Spielen Sie das als „Obstsalat" bekannte Spiel: Nennen Sie einen Tiernamen. Die Kinder, die dieses Tier auf ihrer Karte haben, wechseln den Platz. Das Kind in der Mitte versucht, auf einen der freien Plätze zu kommen. Nun ist ein anderes Kind übrig, das in der Mitte steht (oder das Kind, das in der Mitte steht, ist noch einmal dran). Sollen alle Kinder den Platz wechseln, rufen Sie: „Die Tiere sind frei!"

Erarbeitung (ca. 10 Min.)

Die Schüler bearbeiten die Kopiervorlage „Wortschatz Haus- und Zootiere" in Einzelarbeit.

Übungsphase (ca.10 Min.)

Die Schüler spielen in der Kleingruppe von 2–4 Schülern das Spiel „Tiere einfangen": Sollten die Schüler schneller fertig sein, können sie mit derselben Kopiervorlage erneut spielen, indem sie nun die Felder ankreuzen, statt sie anzumalen.

Abschluss (ca. 10 Min.)

Spielen Sie mit den Kindern das Spiel „Mein rechter, rechter Platz ist frei". Dazu sitzen alle im Stuhlkreis, ein Stuhl ist frei. Der Spieler, neben dem der rechte Stuhl frei ist, sagt: „Mein rechter, rechter Platz ist frei, da wünsche ich mir XY (Name eines Kindes) herbei." Der Gewünschte fragt: „Als was soll ich kommen?" Der Spieler nennt eines der zuvor behandelten Tiere. Das gewünschte Kind bewegt sich in der Bewegungsart des Tieres mit Tierlauten zum freien Stuhl.

Tipp

Bei einer sehr kleinen Lerngruppe kann es sein, dass Sie mit dem Einstiegs- und Abschlussspiel schneller fertig sind. Wählen Sie eine der Übungsformen zur Vertiefung (S. 5–6) zusätzlich aus.

Wortschatz Haustiere und Zootiere

Male mit der gleichen Farbe an, was zusammengehört. 

der / ein Hund die Hunde	die / eine Katze die Katzen	der / ein Hase die Hasen	der / ein Vogel die Vögel
© Norbert Höveler	© Norbert Höveler	© Norbert Höveler	© Norbert Höveler

der / ein Fisch die Fische	die / eine Maus die Mäuse	der / ein Hamster die Hamster	der / ein Elefant die Elefanten
© Norbert Höveler	© Norbert Höveler	© Norbert Höveler	© Astrid Wilkesmann

der / ein Löwe die Löwen	der / ein Affe die Affen	die / eine Schlange die Schlangen	der / ein Bär die Bären
© Norbert Höveler	© Norbert Höveler	© Norbert Höveler	© Norbert Höveler

© Verlag an der Ruhr | Autorin: Nina Wilkening | ISBN 978-3-8346-4149-6 | www.verlagruhr.de

Tiere einfangen

1. **Jeder Spieler braucht einen Farbstift.**
2. **Sagt, welches Tier ihr fangen wollt, zum Beispiel: „Ich fange den Vogel."
Würfelt dann, zieht entsprechend den Augen des Würfels und fangt die genannten Tiere. Ihr dürft in alle Richtungen gehen. Wenn ihr das Tier gefangen habt, malt es in eurer Farbe an. Sagt: „Ich habe den Vogel gefangen."**
3. **Sind alle Tiere gefangen, lauft schnell zum Ziel.**

Es gibt 2 Sieger: Der Spieler, der zuerst im Ziel ankommt, und derjenige, der am meisten Tiere angemalt hat.

START							
							ZIEL

Zeit

Darum geht's

Die Schüler beschäftigen sich mit den Jahreszeiten und erweitern ihren Wortschatz zum Thema „Zeit".

Kompetenzerwartungen

Die Kinder

- kennen wichtige Begriffe zum Thema „Zeit".
- kennen die Jahreszeiten und ordnen Bilder den einzelnen Jahreszeiten passend zu.

Materialliste

- Kopiervorlage „Wortschatz Zeit" (S. 35)
- Kopiervorlage „Purzelwörter Zeit" (S. 36)
- Kopiervorlage „Jahreszeiten-Lotto" (S. 37–38)

Das bereiten Sie vor

- Kopieren Sie die Kopiervorlage „Wortschatz Zeit" und die Kopiervorlage „Purzelwörter Zeit" 1-mal in Klassenstärke.
- Kopieren Sie die Lotto-Kopiervorlagen jeweils 2-mal pro Gruppe (2 oder 4 Spieler).
- Kopieren Sie die Kopiervorlage „Purzelwörter Zeit" 1-mal und erstellen Sie ein Lösungsblatt.
- Kopieren Sie die Kopiervorlagen „Wortschatz Zeit" und „Jahreszeiten-Lotto" 1-mal und schneiden Sie die Karten aus (bei der Kopiervorlage „Wortschatz Zeit" nur die Bilder).

Stundenverlauf

Einstieg (ca. 10 Min.)

Bilden Sie mit den Schülern einen Sitzkreis. Legen Sie die Bildkarten auf dem Boden aus. Sprechen Sie mit den Schülern über das Thema „Zeit" und bitten Sie die Schüler, die Bildkarten zu sortieren. Es gibt mehrere Möglichkeiten, z. B. nach Jahreszeiten und nach Bildkarten, die nichts mit einer bestimmten Jahreszeit zu tun haben. Je nach Leistungsstärke der Lerngruppe können Sie auch weniger Bildkarten zur Verfügung stellen, z. B. nur die Jahreszeiten-Bilder oder nur die Wortschatz-Bilder. Stellen Sie den Schülern den Ablauf der Stunde und die Aufgaben vor.

Erarbeitung (ca. 10 Min.)

Die Schüler bearbeiten die Kopiervorlage „Wortschatz Zeit" in Einzelarbeit.

Übungsphase (ca.20 Min.)

Die Schüler bearbeiten die Vorlage „Purzelwörter Zeit". Fertige Schüler bereiten das Lotto vor, indem sie die Spielfelder und die Karten ausschneiden. Jede Spielgruppe benötigt nur einen Satz Karten. Anschließend spielen sie in Kleingruppen (2 oder 4 Schüler) Lotto. Spielen zwei Schüler, erhält jeder Spieler zwei Vorlagen. Spielen vier Schüler erhält jeder Spieler eine Vorlage. Das Spiel kann mehrfach gespielt werden. Achten Sie darauf, dass die Schüler die Sätze sprechen.

Abschluss (ca. 5 Min.)

Hängen Sie 3x3 Bildkarten an die Tafel:

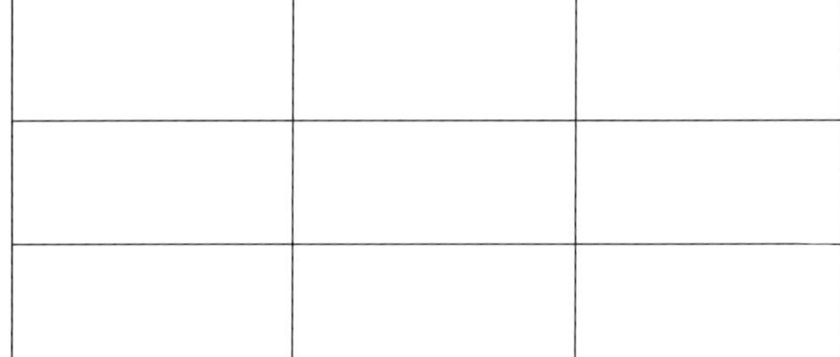

Teilen Sie die Klasse in zwei Gruppen ein. Bitten Sie jeweils ein Kind pro Gruppe zu sich. Die beiden stellen sich links und rechts neben den Bildern auf. Nennen Sie einen Begriff, der auf einem der Bilder abgebildet ist. Beide Kinder versuchen, möglichst schnell auf diesen Begriff zu schlagen. Wer schneller ist, gewinnt einen Punkt für sein Team. Danach sind andere Schüler dran. Tauschen Sie die Bilder evtl. nach ein paar Runden aus.

Wortschatz Zeit

Male mit der gleichen Farbe an, was zusammengehört. 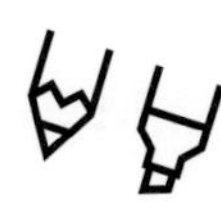

der ein Frühling	der ein Sommer	der ein Herbst	der ein Winter
© Norbert Höveler	© Anja Boretzki	© Norbert Höveler	© Norbert Höveler
der ein Kalender die Kalender	das ein Jahr die Jahre	die eine Uhr die Uhren	der ein Tag die Tage
© Norbert Höveler	© Norbert Höveler	© Verlag an der Ruhr	© Norbert Höveler
die eine Nacht die Nächte	die eine Sonne	der ein Mond	der ein Wecker
© Norbert Höveler	© Norbert Höveler	© Norbert Höveler	© Anja Boretzki

 © Verlag an der Ruhr | Autorin: Nina Wilkening | ISBN 978-3-8346-4149-6 | www.verlagruhr.de

Purzelwörter Zeit

1. Schreibe die Purzelwörter richtig auf.

2. Verbinde die Bilder und Wörter miteinander.

DER KA LEN

....

RBSTEH

....

MER SOM

....

DNOM

....

LING FRÜH

....

TER WIN

....

ATG

....

RHU

....

REKCEW

....

TCHAN

....

Jahreszeiten-Lotto (1/2)

1. **Schneidet einmal die Spielfelder und einmal die Karten aus.**
2. **Verteilt die Spielfelder und legt die Karten verdeckt auf den Tisch.**
3. **Spieler 1 zieht eine Karte und sagt, zu welchem Spielfeld sie gehört: „Der Drachen gehört zum Herbst“. Legt die Karte auf das richtige Spielfeld.**

Gewonnen hat, wer sein Spielfeld als Erster voll hat. Das Spiel ist erst dann zu Ende, wenn alle Spielfelder voll sind.

Spielfeld 1: Im Frühling

Spielfeld 2: Im Sommer

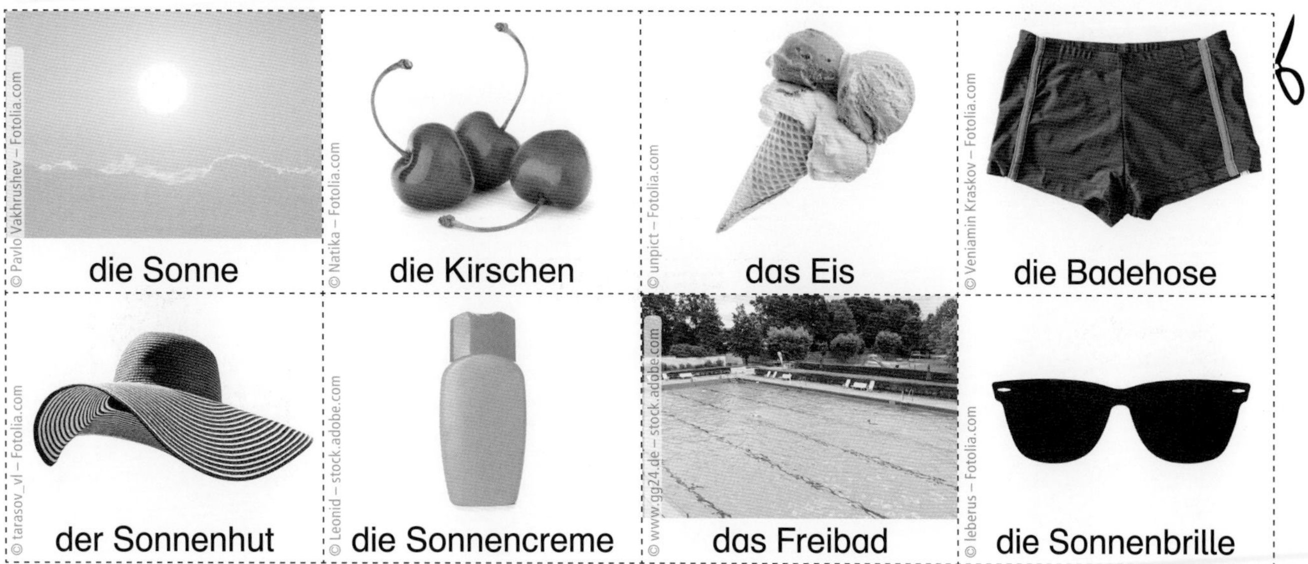

Jahreszeiten-Lotto (2/2)

Spielfeld 3: Im Herbst

Spielfeld 4: Im Winter

Wald

Darum geht's

Die Schülerinnen und Schüler lernen Teile eines Baumes sowie verschiedene Baumarten kennen und erweitern ihren Wortschatz zum Thema „Wald".

Kompetenzerwartungen

Die Kinder
- kennen die Teile eines Baumes (z. B. Baumfrucht, Blatt).
- kennen einzelne Baumarten.

Materialliste

- Kopiervorlage „Wortschatz Wald" (S. 40)
- Kopiervorlage „Teile eines Baumes" (S. 41)
- Kopiervorlage „Bäume, Blätter, Früchte" (S. 42)

Das bereiten Sie vor

- Kopieren Sie die Kopiervorlage „Wortschatz Wald" und die Kopiervorlage „Teile eines Baumes" 1-mal in Klassenstärke.
- Kopieren Sie die Kopiervorlage „Bäume, Blätter, Früchte" für jede Gruppe (2–3 Spieler) 1-mal.
- Kopieren Sie sie noch einmal so oft, dass Sie für jedes Kind eine Baumkarte (nur vom Baum) ausschneiden können (für das Einstiegsspiel).
- Kopieren Sie die Kopiervorlage „Teile eines Baumes" 1-mal und erstellen Sie ein Lösungsblatt.

Stundenverlauf

Einstieg (ca. 10–15 Min.)

Spielen Sie das Spiel „Bäume tauschen". Es funktioniert wie das bekannte Spiel „Obstsalat". Setzen Sie sich mit den Kindern in einen Stuhlkreis. Verteilen Sie die Karten der Kopiervorlage „Bäume, Blätter, Früchte". Jedes Kind zeigt sein Bild und benennt es bzw. lässt sich von Ihnen den Namen nennen. Üben Sie dies ein paar Mal, bis jeder seinen Baum kennt. Nehmen Sie nun Ihren und einen weiteren Stuhl aus dem Kreis heraus. Ein Kind steht in der Mitte. Nennen Sie einen Baum. Alle Kinder, die diesen Baum auf ihrer Karte haben, wechseln den Platz. Das Kind in der Mitte sucht sich so schnell wie möglich einen der frei werdenden Plätze. Das Kind, das am Ende keinen Platz findet, bleibt in der Mitte. Wenn Sie „Baumwechsel" sagen, wechseln alle Kinder den Platz. Zwischendurch können Sie die Karten tauschen, sodass die Kinder sich neue Baumnamen merken müssen.

Erarbeitung (ca. 10 Min.)

Die Schüler bearbeiten die Kopiervorlage „Wortschatz Wald" in Einzelarbeit.

Übungsphase (ca. 25 Min.)

Die Schüler bearbeiten zunächst in Einzelarbeit die Kopiervorlage „Teile eines Baumes". Fertige Schüler kontrollieren selbstständig mithilfe des Lösungsblatts und schneiden das Kartenspiel „Bäume, Blätter, Früchte" aus. Sie spielen es in Kleingruppen (2–3 Spieler). Dies funktioniert wie das Schwarze-Peter-Spiel. In diesem Fall ist der Borkenkäfer der Schwarze Peter. Erklären Sie den Schülern zu Beginn, dass der Borkenkäfer der Schwarze Peter, also der Bösewicht, ist, weil er die Bäume kaputt macht.

Abschluss (ca. 5 Min.)

Die Abschlussphase entfällt, da der Einstieg sehr lang ist. Sollten Sie noch Zeit übrig haben, können Sie das Einstiegsspiel wiederholen.

Wortschatz Wald

Male mit der gleichen Farbe an, was zusammengehört. 

der / ein Baum die Bäume	der / ein Wald die Wälder	der / ein Baumstamm die Baumstämme	der / ein Ast die Äste
© sommai – Fotolia.com	© sommai – Fotolia.com	© sommai – Fotolia.com	© DZiegler – stock.adobe.com

die / eine Baumkrone die Baumkronen	das / ein Blatt die Blätter	die / eine Nadel die Nadeln	der / ein Laubbaum die Laubbäume
© Patrick Helfrich – Fotolia.com	© Zerbor – Fotolia.com	© sommai – Fotolia.com	© Scisetti Alfio – Fotolia.com

der / ein Nadelbaum die Nadelbäume	der / ein Tannenzweig die Tannenzweige	der / ein Zapfen die Zapfen	die / eine Baumfrucht die Baumfrüchte
© rcfotostock – Fotolia.com	© Zerbor – Fotolia.com	© mates – Fotolia.com	© vencav – Fotolia.com

© Verlag an der Ruhr | Autorin: Nina Wilkening | ISBN 978-3-8346-4149-6 | www.verlagruhr.de

Teile eines Baumes

1. Schneide die Karten aus.

2. Klebe sie an die richtige Stelle.

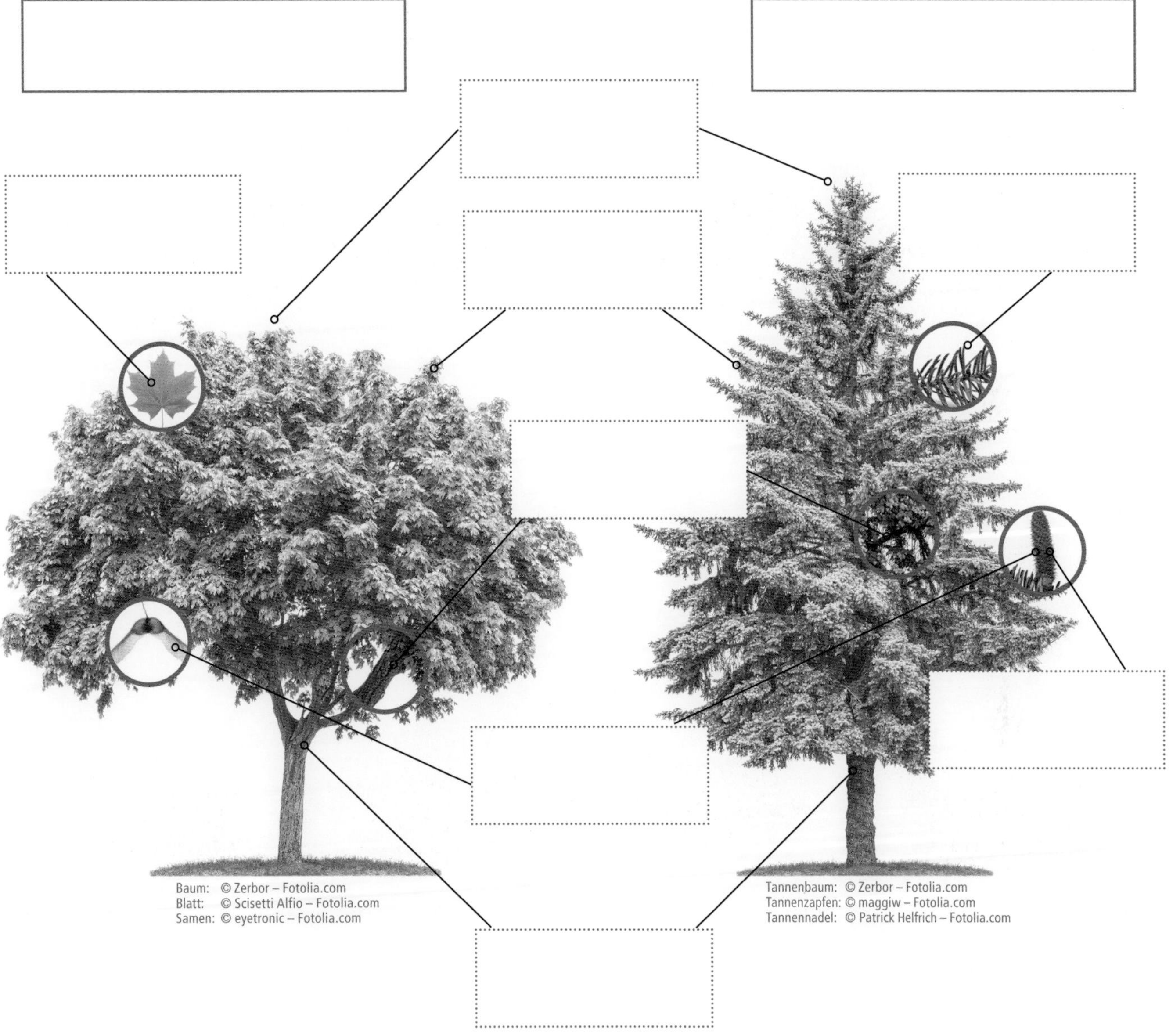

der Laubbaum	der Baumstamm	der Zweig	die Nadeln
der Zapfen	das Blatt	der Ast	die Baumkrone
die Baumfrüchte	der Nadelbaum		

© Verlag an der Ruhr | Autorin: Nina Wilkening | ISBN 978-3-8346-4149-6 | www.verlagruhr.de

Bäume, Blätter, Früchte

Spiel für 2–3 Spieler:

1. **Schneidet die Karten aus.**
2. **Verteilt die Karten. Ein Kind bekommt eine Karte mehr.**
3. **Haltet die Karten verdeckt auf der Hand. Zieht voneinander.**
   Zieht zuerst von dem Kind, das eine Karte mehr hat.
   Habt ihr 3 Karten, die zusammengehören, legt sie ab.

Verloren hat, wer die Borkenkäfer-Karte zuletzt in der Hand hält.

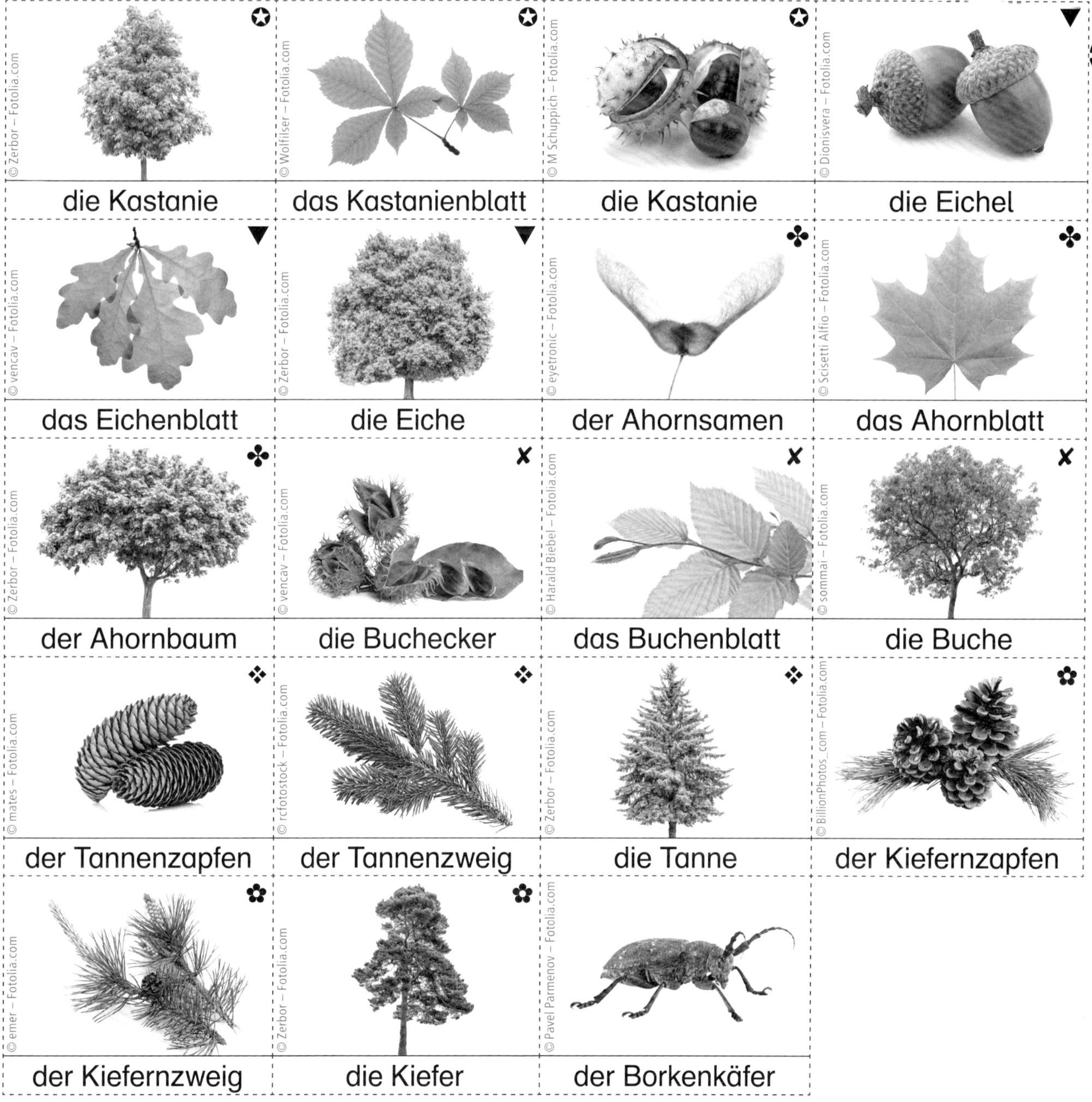

11. Wiese

Darum geht's

Die Schüler lernen Wiesentiere und Wiesenpflanzen kennen und festigen den Wortschatz zum Thema „Farbe".

Kompetenzerwartungen

Die Kinder

- kennen ausgesuchte Wiesentiere und Wiesenpflanzen. Sie können sie benennen und wissen, welche Farbe sie haben.
- können einfache Sätze lesen.
- können nach Vorgaben Tiere und Pflanzen in der richtigen Farbe anmalen.

Materialliste

- Kopiervorlage „Wortschatz Wiese" (S. 44)
- Kopiervorlage „Lese-Mal-Bild Wiese" (S. 45)

Das bereiten Sie vor

- Kopieren Sie beide Kopiervorlagen in Klassenstärke.
- Kopieren Sie die Kopiervorlage „Lese-Mal-Bild Wiese" 1-mal und erstellen Sie ein Lösungsblatt.
- Kopieren Sie die Kopiervorlage „Wortschatz Wiese" für jede Kleingruppe 2-mal
- Kopieren Sie die Kopiervorlage „Wortschatz Wiese" 1-mal und schneiden Sie die Bildkarten aus. Sie können sie auch vergrößern, um eine bessere Sicht zu ermöglichen.

Stundenverlauf

Einstieg (ca. 5 Min.)

Hängen Sie die Wortschatz-Karten nebeneinander an die Tafel. Benennen Sie die Bilder bzw. lassen Sie diese von den Kindern benennen. Stellen Sie sich mit den Kindern im Kreis auf und spielen Sie das Plopp-Spiel: Benennen Sie das erste Bild, Ihr Nachbar das zweite usw., bis alle Bilder benannt wurden. Der nächste Spieler sagt „Plopp" und setzt sich. Nun wird wieder beim ersten Bild begonnen. Dies geht so lange, bis nur noch ein Schüler übrig ist.

Erarbeitung (ca. 10 Min.)

Die Schüler bearbeiten die Kopiervorlage „Wortschatz Wiese" in Einzelarbeit.

Übungsphase (ca. 20 Min.)

Die Schüler bearbeiten zunächst in Einzelarbeit die Kopiervorlage „Lese-Mal-Bild Wiese" und kontrollieren ihre Ergebnisse am Lösungsblatt. Fertige Schüler erstellen aus den Wortschatz-Kopien Memo-Karten (Bild und Begriff ergeben ein Paar): Anschließend spielen die Schüler in Kleingruppen von 2–4 Kindern nach den bekannten Memo-Regeln.

Abschluss (ca. 5–10 Min.)

Hängen Sie 3x3 Bildkarten an die Tafel:

Teilen Sie die Klasse in zwei Gruppen ein. Bitten Sie jeweils einen Schüler pro Gruppe zu sich. Die Schüler stellen sich links und rechts neben den Bildern auf. Nennen Sie einen Begriff, der auf einem der Bilder abgebildet ist. Beide Schüler versuchen, möglichst schnell auf diesen Begriff zu schlagen. Wer schneller ist, gewinnt einen Punkt für seine Mannschaft. Danach kommen andere Schüler dran. Tauschen Sie die Bilder evtl. nach ein paar Runden aus.

Wortschatz Wiese

Male mit der gleichen Farbe an, was zusammengehört. 

die / eine Spinne die Spinnen	die / eine Schnecke die Schnecken	der / ein Schmetterling die Schmetterlinge	der / ein Regenwurm die Regenwürmer
© Klaus Eppele – Fotolia.com	© Jaroslavs Filsh – Fotolia.com	© DenisNata – Fotolia.com	© makuba – Fotolia.com

der / ein Marienkäfer die Marienkäfer	die / eine Biene die Bienen	die / eine Ameise die Ameisen	der / ein Grashüpfer die Grashüpfer
© Comugnero Silvana – Fotolia.com	© Alexstar – Fotolia.com	© Alekss – Fotolia.com	© Lukas Gojda – Fotolia.com

der / ein Maulwurf die Maulwürfe	der / ein Klee die Kleepflanzen	das / ein Gänseblümchen die Gänseblümchen	der / ein Löwenzahn die Löwenzahnpflanzen
© Close Encounters – Fotolia.com	© Andrii Molchanov – Fotolia.com	© pwmotion – Fotolia.com	© Kanusommer – Fotolia.com

© Verlag an der Ruhr | Autorin: Nina Wilkening | ISBN 978-3-8346-4149-6 | www.verlagruhr.de

Lese-Mal-Bild Wiese

1. Lies die Sätze.

2. Sieh dir das Bild an und male an.

© Ursula Arndt

Die Marienkäfer sind rot mit schwarzen Punkten.

Die Schmetterlinge sind gelb.

Die Schnecke ist braun. Ihr Haus ist gelb und schwarz.

Die Bienen sind gelb und schwarz.

Der Grashüpfer ist hellgrün.

Die Maulwürfe sind schwarz. Ihre Augen sind rot.

Der Regenwurm ist rosa.

Der Löwenzahn ist gelb.

Müll

Darum geht's

Die Schüler lernen Mülltrennungssysteme kennen und erweitern ihren Wortschatz zum Thema „Müll".

Kompetenzerwartungen

Die Kinder
- kennen verschiedene Mülltrennungssysteme (Restmüll, gelber Sack/gelbe Tonne, Container für Altglas, Altkleider und Altpapier, Sperrmüll).
- können Abfall den Mülltrennungssystemen zuordnen.

Materialliste

- Kopiervorlage „Wortschatz Müll" (S. 47)
- Kopiervorlage „Kreuzworträtsel Müll" (S. 48)
- Kopiervorlage „Müll-Lotto" (S. 49–50)
- ein Würfel (gern auch ein großer Schaumstoffwürfel)

Das bereiten Sie vor

- Kopieren Sie die Kopiervorlagen „Wortschatz Müll" und „Kreuzworträtsel Müll" 1-mal in Klassenstärke.
- Kopieren Sie die Vorlage „Müll-Lotto" für jede Gruppe (2 oder 4 Spieler) 2-mal.
- Kopieren Sie die Kopiervorlage „Kreuzworträtsel Müll" 1-mal und erstellen Sie ein Lösungsblatt.

Stundenverlauf

Einstieg (ca. 5–10 Min.)

Treffen Sie sich mit den Schülern im Stuhlkreis. Legen Sie alle Lotto-Karten aus. Bitten Sie die Schüler, die Karten nach Müllsorte (Restmüll, Biomüll …) zu sortieren. Alternativ können Sie die Karten auch an die Tafel hängen oder die Phase unter Einsatz des OHP oder der Dokumentenkamera gestalten.

Erarbeitung (ca. 10 Min.)

Die Schüler bearbeiten die Kopiervorlage „Wortschatz Müll" in Einzelarbeit.

Übungsphase (ca. 20 Min.)

Die Schüler bearbeiten zunächst in Einzelarbeit die Kopiervorlage „Kreuzworträtsel Müll" und kontrollieren ihre Ergebnisse selbstständig am Lösungsblatt. Fertige Schüler bereiten das Lotto vor, indem sie einmal die Spielfelder als Ganzes ausschneiden (Kopie 1) und einmal die Spielfelder zerschneiden, sodass Karten daraus werden (Kopie 2). Bei zwei Spielern bekommt jeder Spieler zwei Spielfelder, bei vier Spielern jeder ein Spielfeld. Das Spiel kann mehrfach gespielt werden, bis die Zeit vorbei ist.

Abschluss (ca. 5–10 Min.)

Teilen Sie die Klasse in vier Gruppen ein. Zeichnen Sie eine Restmülltonne, eine Biotonne, einen Container, einen gelben Sack an die Tafel und schreiben Sie die Zahlen von 1–4 unter die Zeichnungen (1 = Restmülltonne, 2 = Biotonne usw.). Verteilen Sie die Kärtchen eines Lottosatzes gleichmäßig an die Gruppen. Lassen Sie die Gruppen nacheinander würfeln und, wenn möglich, eine Karte abgeben (1 für Restmüll, 2 für Bioabfall usw.). Wird eine 5 gewürfelt, muss man aussetzen, bei einer 6 darf man noch einmal würfeln. Die Gruppe, die zuerst alle Karten abgeben konnte, hat gewonnen.

Wortschatz Müll

Male mit der gleichen Farbe an, was zusammengehört. 

die eine Restmülltonne die Restmülltonnen	der ein Papiercontainer die Papiercontainer	die eine Biotonne die Biotonnen	der gelbe Sack ein gelber Sack die gelben Säcke
© Animaflora PicsStock – stock.adobe.com	© Achim Banck – stock.adobe.com	© AlenKadr – stock.adobe.com	© Marijus – Fotolia.com
das ein Müllauto die Müllautos	der ein Müllmann die Müllmänner	der ein Altglascontainer die Altglascontainer	der Sperrmüll
© umwelttrenz – stock.adobe.com	© oscarwhity – Fotolia.com	© animaflora – Fotolia.com	© eyetronic – Fotolia.com
die eine Zeitung die Zeitungen	die eine Verpackung die Verpackungen	der Kompost die Komposthaufen	der Sondermüll
© Pixelot – Fotolia.com	© Giuseppe Porzani – Fotolia.com	© rupbilder – stock.adobe.com	© euthymia – Fotolia.com

  ISBN 978-3-8346-4149-6 | www.verlagruhr.de

Kreuzworträtsel Müll

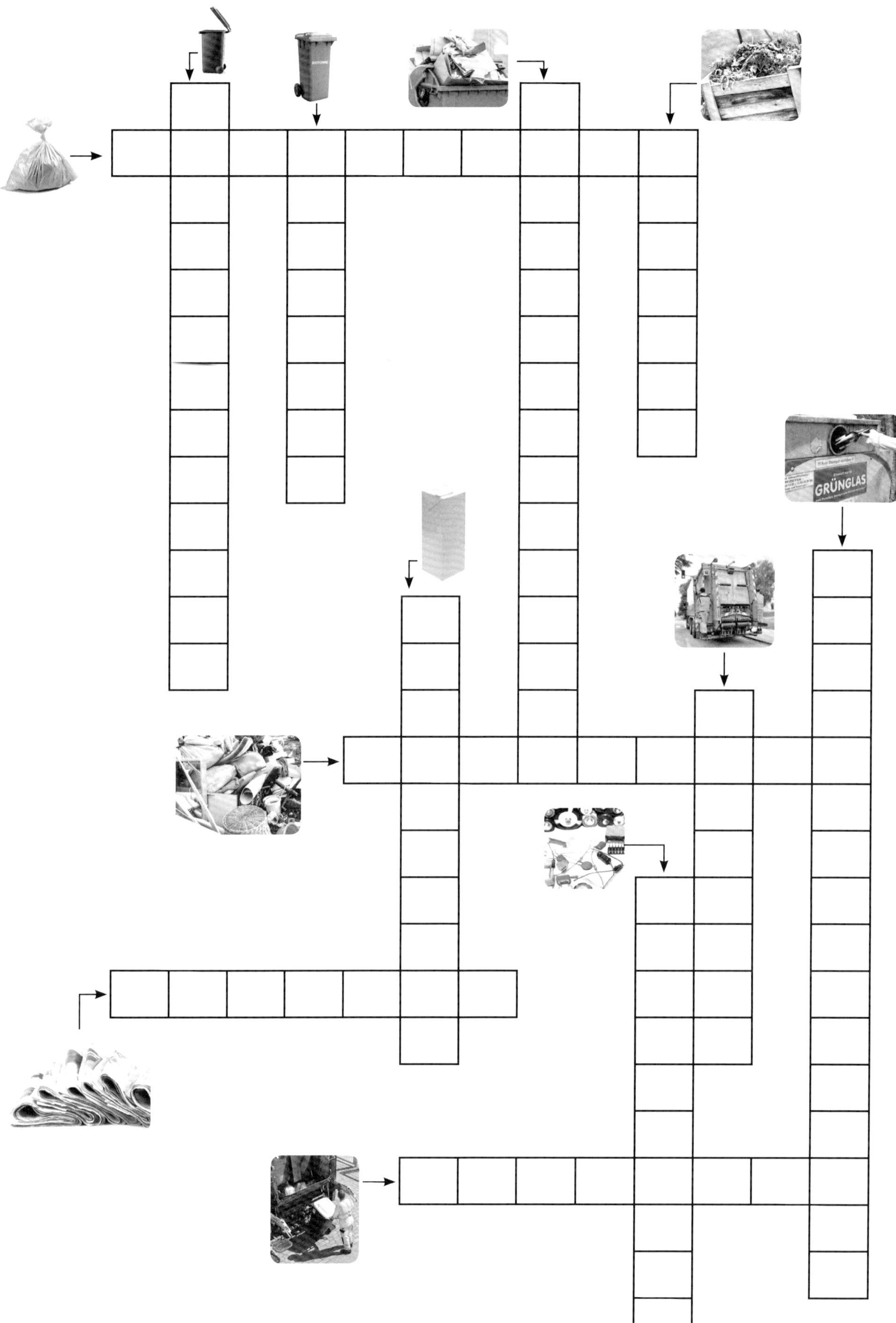

Müll-Lotto (1/2)

1. **Schneidet jeweils die Spielfelder und jeweils die Karten aus.**
2. **Verteilt die Spielfelder und legt die Karten verdeckt auf den Tisch.**
3. **Spieler 1 zieht eine Karte und sagt, zu welchem Spielfeld sie gehört: „Der Salat gehört in den Biomüll.“ Legt die Karte auf das richtige Spielfeld.**

Gewonnen hat, wer sein Spielfeld als Erster voll hat. Das Spiel ist erst dann zu Ende, wenn alle Spielfelder voll sind.

Spielfeld 1: Restmüll

Spielfeld 2: Biomüll

 © Verlag an der Ruhr | Autorin: Nina Wilkening | ISBN 978-3-8346-4149-6 | www.verlagruhr.de

Müll-Lotto (2/2)

Spielfeld 3: Container für Glas, Papier, Kleidung

Spielfeld 4: gelber Sack

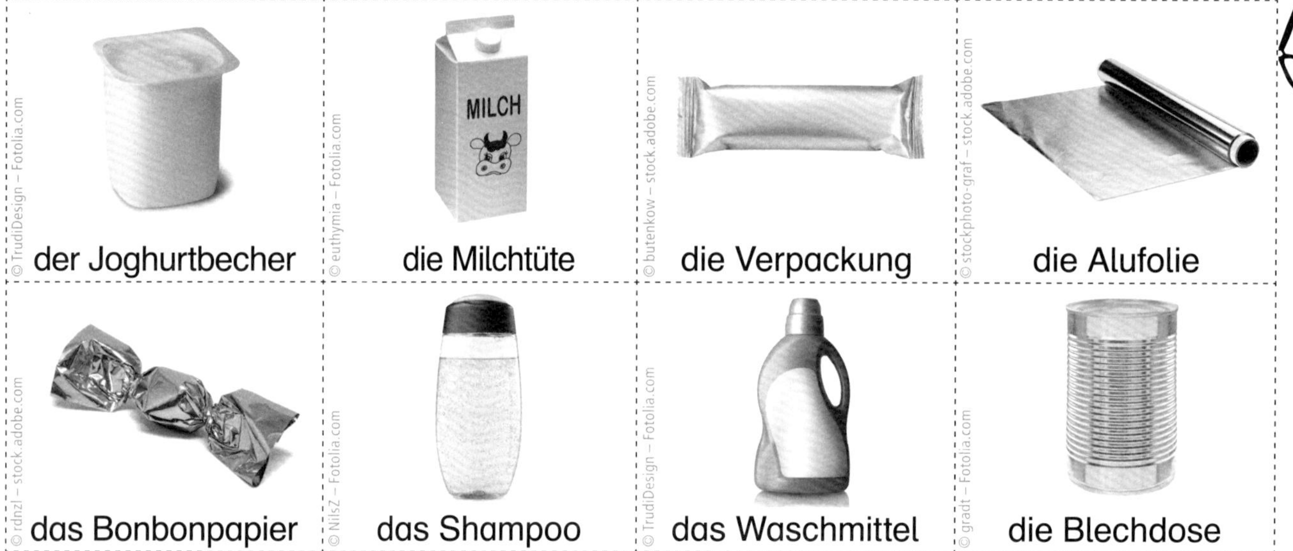

Klasse 3/4

13. Orientierung im Stadtplan

Darum geht's

Die Schülerinnen und Schüler lernen, sich auf einem Stadtplan zu orientieren. Sie erweitern ihren Wortschatz um Wörter zu den Themenbereichen „Stadt" und „Richtungen".

Kompetenzerwartungen

Die Kinder
- können einen beschriebenen Weg nachvollziehen.
- können Richtungen unterscheiden und angeben.

Materialliste

- Kopiervorlage „Wortschatz Stadtplan" (S. 53)
- Kopiervorlage „Stadtrundgang" (S. 54–55)
- Kopiervorlage „Die richtige Richtung" (S. 56)
- pro Gruppe eine Kopiervorlage „Die richtige Richtung", einen Würfel und pro Kind eine Spielfigur
- evtl. OHP-Folie von Kopiervorlage „Die richtige Richtung"

Das bereiten Sie vor

- Kopieren Sie die Kopiervorlage „Wortschatz Stadtplan" und die Kopiervorlage „Stadtrundgang" in Klassenstärke.
- Kopieren Sie die Kopiervorlage „Die richtige Richtung" 1-mal pro Gruppe.
- Erstellen Sie evtl. differenzierte Arbeitsblätter (s. Kasten Differenzierung).

Stundenverlauf

Einstieg (ca. 5 Min.)

Stellen Sie sich mit den Schülern gemeinsam in einem Kreis auf und spielen Sie das „Richtungsspiel". Drehen Sie sich zu Ihrem rechten Nachbarn, klatschen Sie in die Hände und sagen Sie dabei „nach rechts". Der „angeklatschte" Schüler dreht sich ebenfalls zu seinem rechten Nachbarn und gibt das Klatschen weiter. Wenn das Klatschen wieder bei Ihnen angekommen ist, geben Sie das Klatschen nach links. Nun erklären Sie, dass es auch einen Richtungswechsel gibt: Dann klatscht man doppelt und sagt „Richtungswechsel: nach rechts" bzw. „Richtungswechsel: nach links".

Erarbeitung (ca. 10 Min.)

Verteilen Sie die Kopiervorlage „Wortschatz Stadtplan" und besprechen Sie diese mit den Schülern.
Halten Sie evtl. die vorbereitete Kopiervorlage „Stadtrundgang" als Differenzierung bereit.

Übungsphase (ca. 20 Min.)

Verteilen Sie die Kopiervorlage „Stadtrundgang" und besprechen Sie die Aufgabe mit den Schülern. Die Schüler bearbeiten die Aufgabe in Einzel- oder Partnerarbeit. Anschließend spielen sie in Gruppen von 2–4 Schülern das „Richtungsspiel".

Abschluss (ca. 5 Min.)

Legen Sie die Kopiervorlage „Die richtige Richtung" als Folie auf den OHP oder unter die Dokumentenkamera. Teilen Sie die Klasse in mehrere Gruppen oder spielen Sie gegen die Klasse.

Differenzierung
Kopiervorlage „Stadtrundgang"

- leicht: wie vorgegeben
- mittel: Schwärzen Sie die Zahlen.
- schwer: Schwärzen Sie die Zahlen und Ortsbezeichnungen.

Wortschatz Stadtplan

Male mit der gleichen Farbe an, was zusammengehört. 

nach rechts	nach links	nach oben	nach unten
© Norbert Höveler	© Norbert Höveler	© Norbert Höveler	© Norbert Höveler

geradeaus	der / ein Stadtplan die Stadtpläne	das / ein Planquadrat die Planquadrate	die / eine Straße die Straßen
© Verlag an der Ruhr	© Norbert Höveler	© Verlag an der Ruhr	© Verlag an der Ruhr

das / ein Kino die Kinos	das / ein Stadttor die Stadttore	der / ein Brunnen die Brunnen	die / eine Eisdiele die Eisdielen
© Verlag an der Ruhr	© Norbert Höveler	© Norbert Höveler	© Norbert Höveler

© Verlag an der Ruhr | Autorin: Nina Wilkening | ISBN 978-3-8346-4149-6 | www.verlagruhr.de

Stadtrundgang (1/2)

1. **Ali und Tim verabreden sich zum Eisessen. Tim sagt Ali, wie er den Weg zur Eisdiele von der Schule aus findet.**

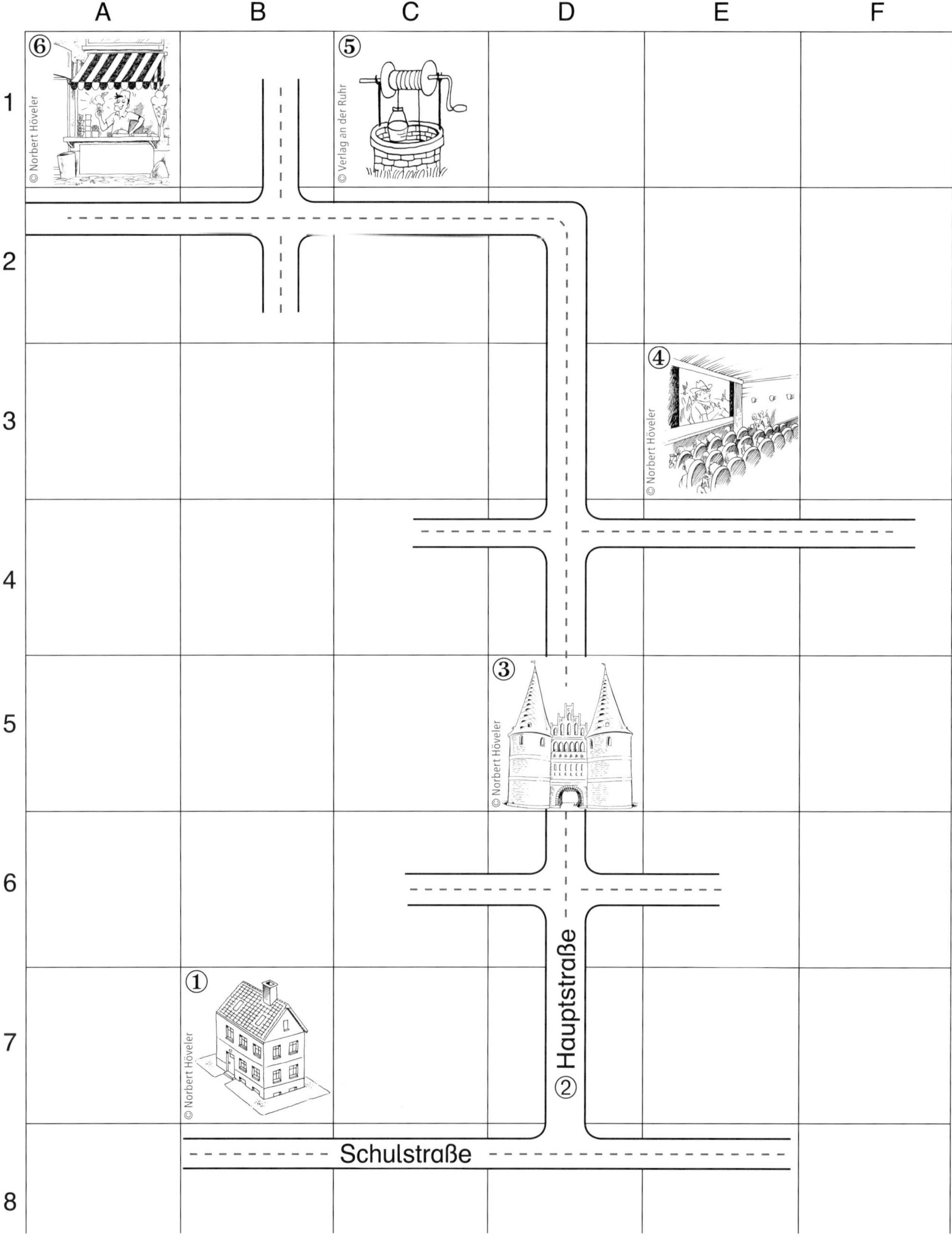

© Verlag an der Ruhr | Autorin: Nina Wilkening | ISBN 978-3-8346-4149-6 | www.verlagruhr.de

Stadtrundgang (2/2)

rechts **links** **geradeaus**

Du startest ① ....

Dann gehst du .... in die

② ....

Am Ende der ② .... steht

③ ....

Du gehst durch ③ ....

Gehe immer ...., dann kommst du zum

④ ....

Biege hier nach .... ab und gehe ....,

vorbei am ⑤ ....

Dann kommt die Eisdiele.

2. In welchen Planquadraten liegen …

… die Eisdiele? [ ]

… die Schule? [ ]

… das Kino? [ ]

… der Brunnen? [ ]

Die richtige Richtung

1. **Stellt eure Spielfiguren auf START.** 

2. **Würfelt und geht einen Schritt weiter.** 

3. **Sprecht dazu je nach gewürfelter Zahl, zum Beispiel: „1 = Ich gehe nach rechts."** 

- ⚀ ➡ nach rechts
- ⚁ ⬅ nach links
- ⚂ ⬆ nach oben
- ⚃ ⬇ nach unten
- ⚄ ☹ aussetzen
- ⚅ ☺ Richtung aussuchen

Gewonnen hat, wer zuerst ein Zielfeld erreicht.

ZIEL	ZIEL	ZIEL	ZIEL	ZIEL	ZIEL	ZIEL
ZIEL						ZIEL
ZIEL						ZIEL
ZIEL						ZIEL
ZIEL			**START**			ZIEL
ZIEL						ZIEL
ZIEL						ZIEL
ZIEL						ZIEL
ZIEL	ZIEL	ZIEL	ZIEL	ZIEL	ZIEL	ZIEL

© Verlag an der Ruhr | Autorin: Nina Wilkening | ISBN 978-3-8346-4149-6 | www.verlagruhr.de

14. Europa

Darum geht's

Die Schüler lernen die Länder Europas kennen (Ländernamen, Hauptstädte, geografische Lage) und erweitern ihren Wortschatz.

Kompetenzerwartungen

Die Kinder
- kennen die Namen, Hauptstädte und die geografische Lage einiger europäischer Länder.
- können sich auf der Europakarte orientieren.
- kennen Fachbegriffe (Himmelsrichtungen) und können diese richtig verwenden.

Materialliste

- Kopiervorlage „Wortschatz Europa" (S. 58)
- Kopiervorlage „Wo liegt Italien?" (S. 59–60)
- Kopiervorlage „Reise durch Europa (S. 61)

Das bereiten Sie vor

- Kopieren Sie alle drei Kopiervorlagen 1-mal in Klassenstärke sowie ein weiteres Mal.
- Erstellen Sie ein Lösungsblatt der Kopiervorlage „Wo liegt Italien?".

Stundenverlauf

Einstieg (ca. 5–10 Min.)

Sehen Sie sich gemeinsam mit den Schülern die Europakarte an. Erklären Sie den Schülern die Himmelsrichtungen. Fragen Sie die Schüler, wo einzelne Länder liegen, und lassen Sie sich die Lage auf der Karte zeigen. Bitten Sie die Kinder, ebenfalls Fragen zu stellen, z. B.:

Frage: „Wo liegt Italien?"
Antwort: „Italien liegt im Süden von Europa."

Erklären Sie den Begriff „Hauptstadt" und zeigen Sie den Schülern, wo sie diese auf der Karte finden.

Erarbeitung (ca. 10 Min.)

Die Schüler bearbeiten die Kopiervorlage „Wortschatz Europa" in Einzelarbeit.

Übungsphase (ca. 25–30 Min.)

- Partnerarbeit: Die Schüler bearbeiten die Kopiervorlage „Wo liegt Italien?". Achten Sie darauf, dass die Schüler die Sätze laut vorlesen. Wer fertig ist, kontrolliert seine Ergebnisse mithilfe des Lösungsblattes.
- „Reise durch Europa": Die Schüler spielen in Gruppen von 2–4 Spielern. Fertige Gruppen spielen eine weitere Runde.

Abschluss (ca. 5 Min.)

Nehmen Sie die Europakarte zur Hand und bitten Sie auch die Schüler, sie anzusehen. Stellen Sie ein Europarätsel: „Mein Land liegt im Süden. Die Hauptstadt ist Rom." Die Schüler raten und machen eigene Rätsel.

Differenzierung Übungsphase

- In der Partnerarbeit unterstützen sich die Schüler gegenseitig.
- Leistungsstarke Schüler können statt in Partnerarbeit auch allein arbeiten. Für diese können Sie die Vorgaben in den Klammern auch schwärzen.
- Mit sehr schwachen Schülern können Sie gemeinsam arbeiten.
- Spielen Sie das Europaspiel gemeinsam mit einer schwachen Schülergruppe, um die Schüler zu unterstützen.

Wortschatz Europa

Male mit der gleichen Farbe an, was zusammengehört. 

Europa	Deutschland	der Norden	der Süden
N, W, O, S	N, W, O, S	© Verlag an der Ruhr	© Verlag an der Ruhr
© timboosch – Fotolia.com	© timboosch – Fotolia.com		

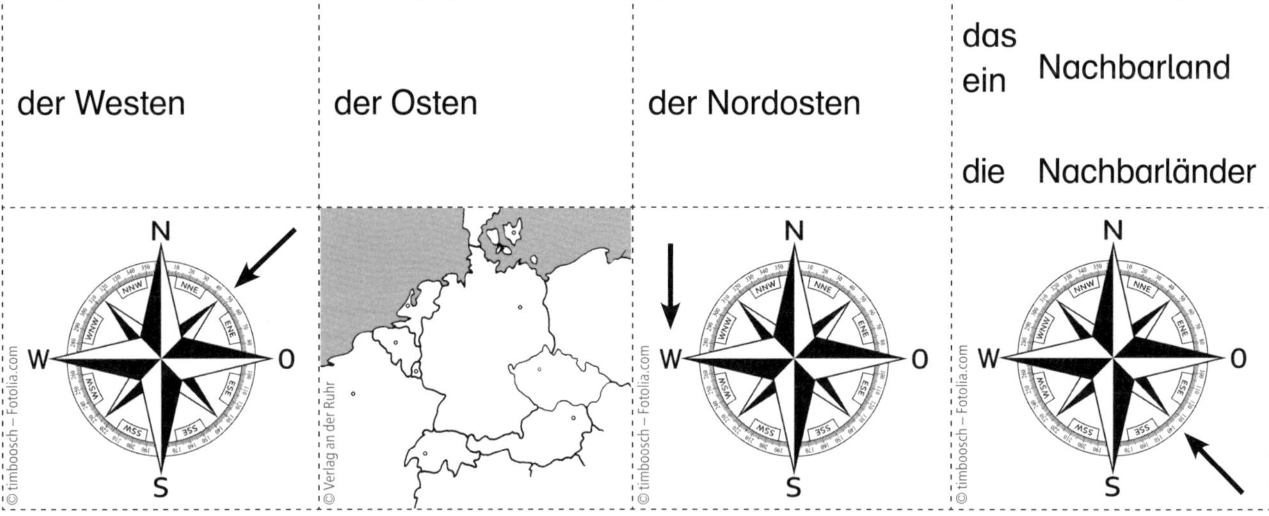

die eine Hauptstadt die Hauptstädte	der Südosten	der Nordwesten	der Südwesten
N, W, O, S	N, W, O, S	Berlin	N, W, O, S
© timboosch – Fotolia.com	© timboosch – Fotolia.com	© Verlag an der Ruhr	© timboosch – Fotolia.com

© Verlag an der Ruhr | Autorin: Nina Wilkening | ISBN 978-3-8346-4149-6 | www.verlagruhr.de

Wo liegt Italien (1/2)

Partnerarbeit:

1. **Schaut euch die Karte an.**
2. **Lest abwechselnd die Sätze vor und füllt gemeinsam die Lücken aus.**

 © Verlag an der Ruhr | Autorin: Nina Wilkening | ISBN 978-3-8346-4149-6 | www.verlagruhr.de

Wo liegt Italien (2/2)

a) Italien liegt im .... (Süden/Norden) von Europa.

b) Spanien liegt im .... (Norden/Süden) von Europa.

c) Dänemark liegt im .... (Norden/Osten) von Europa.

d) Großbritannien ist eine Insel im ....

(Westen/Süden) von Europa.

e) Finnland liegt im .... (Norden/Süden) von Europa.

f) Polen ist ein Nachbar von Deutschland

im .... (Osten/Westen).

g) Die Schweiz ist ein Nachbar von Deutschland

im .... (Süden/Norden).

h) Belgien ist ein Nachbar von Deutschland

im ....(Osten/Westen).

i) Frankreich ist ein Nachbar von Deutschland

im ....(Südwesten/Osten).

j) Österreich ist ein Nachbar von Deutschland

im ....(Südosten/Westen).

3. Wie heißen die 9 Nachbarn von Deutschland?
Schreibt ihre Namen auf.

....

....

....

....

Reise durch Europa

Spiel für 2–4 Spieler:

1. **Stellt eure Figur auf „Deutschland“. Schneidet die Karten aus und verteilt sie gleichmäßig an alle Spieler. Auf den Karten stehen eure Reiseziele.**
2. **Würfelt: Wenn ihr zum Beispiel eine 2 gewürfelt habt, dürft ihr 2 Länder weiterrücken. Wer an seinem Ziel angekommen ist, dreht die Karte um und beginnt wieder in Deutschland.**

Gewonnen hat, wer zuerst an allen Zielen war.

Italien	Portugal	Großbritannien	Griechenland
Spanien	Rumänien	Ungarn	Finnland
Irland	Bulgarien	Norwegen	Schweden

© Verlag an der Ruhr | Autorin: Nina Wilkening | ISBN 978-3-8346-4149-6 | www.verlagruhr.de

15. Deutschland

Darum geht's

Die Schüler lernen die deutschen Bundesländer sowie die Nachbarländer Deutschlands kennen und erweitern ihren Wortschatz.

Kompetenzerwartungen

Die Kinder
- kennen die Bundesländer und deren Landeshauptstädte.
- kennen Namen und die Lage der deutschen Nachbarländer.
- können sich auf der Deutschlandkarte orientieren.
- kennen Fachbegriffe (Himmelsrichtungen) und können diese richtig verwenden.

Materialliste

- Kopiervorlage „Wo liegt Italien?", nur die Karte (S. 59)
- Kopiervorlage „Wortschatz Deutschland" (S. 64)
- Kopiervorlage „Wo liegt Niedersachsen?" (S. 65–66)
- Kopiervorlage „Deutschlands Nachbarn" (S. 67)
- pro Kind eine Büroklammer oder ein Umschlag zum Aufbewahren der Dominokarten

Das bereiten Sie vor

- Kopieren Sie die Kopiervorlagen „Wortschatz Deutschland", „Wo liegt Niedersachsen?" und „Deutschlands Nachbarn" in Klassenstärke.
- Kopieren Sie die Kopiervorlagen „Wo liegt was?" und „Deutschlands Nachbarn" 1-mal und erstellen Sie ein Kontrollblatt.
- Erstellen Sie einen Satz Dominokarten aus der Kopiervorlage „Deutschlands Nachbarn".

Stundenverlauf

Einstieg (ca. 10 Min.)

Sehen Sie sich mit den Schülern die Deutschlandkarte an. Erklären Sie den Schülern die Himmelsrichtungen. Fragen Sie, wo einzelne Bundesländer liegen, und lassen Sie sich die Lage an der Karte zeigen. Die Kinder stellen ebenfalls Fragen, z. B.:

Frage: „Wo liegt Bayern?"
Antwort: „Bayern liegt im Süden von Deutschland."

Erklären Sie die Begriffe „Hauptstadt" und „Landeshauptstadt" und zeigen Sie den Schülern, wo Berlin und die Landeshauptstädte auf der Karte liegen.

Erarbeitung (ca. 10 Min.)

Die Schüler bearbeiten die Kopiervorlage „Wortschatz Deutschland" in Einzelarbeit.

Übungsphase (ca. 20 Min.)

- Partnerarbeit: Die Schüler bearbeiten die Kopiervorlage „Wo liegt Niedersachsen?". Achten Sie darauf, dass die Schüler die Sätze laut vorlesen. Wer fertig ist, kontrolliert seine Ergebnisse mithilfe des Kontrollblattes.
- Einzel- oder Partnerarbeit: Die Schüler füllen mithilfe der Europakarte die Lücken im Domino „Deutschlands Nachbarn" aus und schneiden die Karten aus.
- Ihre Schüler spielen zu dritt oder zu viert mit einem Dominosatz: Alle Karten werden verteilt. Schüler 1 legt eine beliebige Karte ab, sein Nachbar versucht, anzulegen. Pro Durchgang darf nur eine Karte angelegt werden. Das Spiel ist zu Ende, wenn alle Karten abgelegt wurden.

15. Deutschland

Abschluss (ca. 5 Min.)

Verteilen Sie alle Dominokarten an die Schüler. Bitten Sie die Schüler, sich der Dominoreihe gemäß aufzustellen und ihre Karten vorzulesen.
Variante: Wenn Sie eine sehr große Lerngruppe haben, können Sie die Klasse auch teilen und gegeneinander die Dominokarten in die richtige Reihenfolge bringen lassen. Die Gruppe, die zuerst fertig ist, ruft „Stopp". Anschließend wird gemeinsam überprüft, ob das Domino richtig gelegt wurde.

Differenzierung Übungsphase

- In der Partnerarbeit unterstützen sich die Schüler gegenseitig.
- Leistungsstarke Schüler arbeiten allein. Schwärzen Sie die Vorgaben in den Klammern auf der Kopiervorlage „Wo liegt Niedersachsen? (2/2)".

Wortschatz Deutschland

Male mit der gleichen Farbe an, was zusammengehört.

Deutschland	das / ein Bundesland die Bundesländer	die / eine Landeshauptstadt die Landeshauptstädte	der Süden
N W O S 	BAYERN München 		

der Westen	der Osten	der Norden	der Nordosten

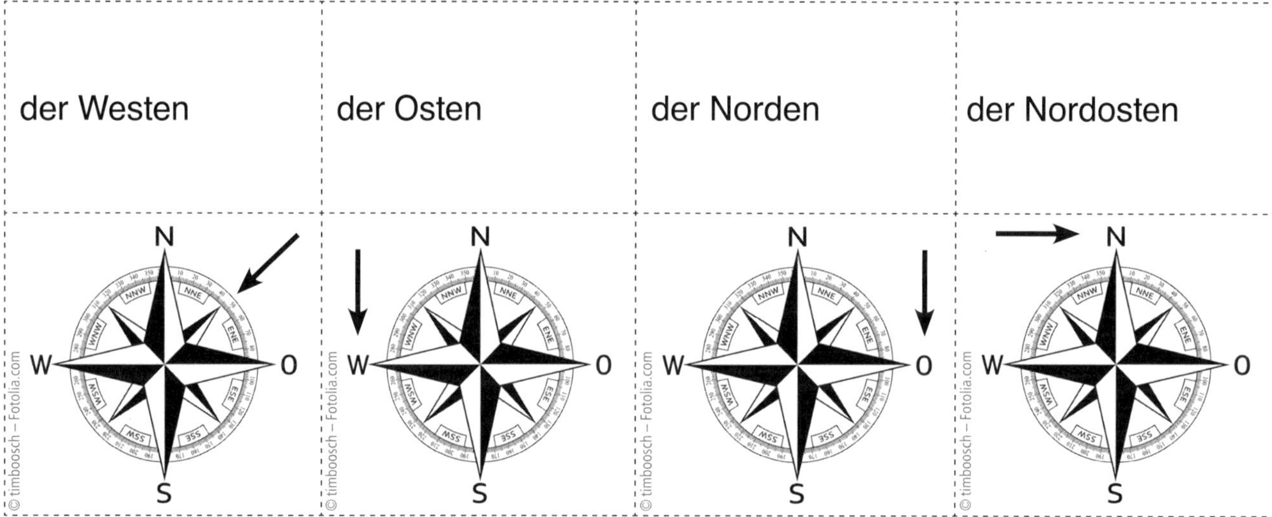

die deutsche Hauptstadt Berlin	der Südosten	der Nordwesten	der Südwesten
N W O S 	N W O S 	Berlin 	N W O S

Wo liegt Niedersachsen? (1/2)

Wo liegt Niedersachsen? (2/2)

Partnerarbeit:

1. **Schaut euch die Karte an.**
2. **Lest abwechselnd die Sätze vor und füllt gemeinsam die Lücken aus.**

a) Niedersachsen liegt im .... (Süden/Norden) von Deutschland.

b) Bayern liegt im .... (Norden/Süden) von Deutschland.

c) Das Saarland liegt im .... (Westen/Osten) von Deutschland.

d) Hamburg liegt im .... (Norden/Süden) von Deutschland.

e) Sachsen liegt im .... (Osten/Westen) von Deutschland.

f) Schleswig-Holstein liegt im .... (Norden/Süden) von Deutschland.

3. **Wie heißen die 16 deutschen Bundesländer? Schreibt ihre Namen auf.**

1	2	3
4	5	6
7	8	9
10	11	12
13	14	15
16	Wie heißt die deutsche Hauptstadt?	

Deutschlands Nachbarn

1. **Suche die Nachbarländer aus der Europakarte heraus.**
2. **Schreibe, wo sich die Nachbarländer befinden.**

START	Ein Nachbarland von Deutschland ist Österreich. **Österreich** liegt im …	.... von Deutschland.	Ein Nachbarland von Deutschland ist Tschechien. **Tschechien** liegt im …
.... von Deutschland.	Ein Nachbarland von Deutschland ist Frankreich. **Frankreich** liegt im …	.... von Deutschland.	Ein Nachbarland von Deutschland ist die Schweiz. Die **Schweiz** liegt im …
.... von Deutschland.	Ein Nachbarland von Deutschland ist Polen. **Polen** liegt im …	.... von Deutschland.	Ein Nachbarland von Deutschland ist Dänemark. **Dänemark** liegt im …
.... von Deutschland.	Ein Nachbarland von Deutschland sind die Niederlande. Die **Niederlande** liegen im …	.... von Deutschland.	Ein Nachbarland von Deutschland ist Belgien. **Belgien** liegt im …
.... von Deutschland.	Ein Nachbarland von Deutschland ist Luxemburg. **Luxemburg** liegt im …	.... von Deutschland.	ENDE

16. Strom

Darum geht's

Die Schüler lernen die Wirkungsweisen des Stroms kennen und erweitern ihren Wortschatz zum Thema „Strom".

Kompetenzerwartungen

Die Kinder
- kennen elektrische Geräte und können diese benennen.
- kennen die Wirkungsweisen von Strom (Licht, Bewegung, Wärme und Kälte).
- können den Wirkungsweisen elektrische Geräte zuordnen.

Materialliste

- Kopiervorlage „Wortschatz Strom – Elektrische Geräte" (S. 69)
- Kopiervorlage „Suchsel Elektrische Geräte" (S. 71)
- Kopiervorlage „Strom-Lotto" (S. 70)
- verschiedene elektrische Geräte (alternativ Bildkarten der Wortschatz-Seite)

Das bereiten Sie vor

- Kopieren Sie die Vorlage „Wortschatz Strom – Elektrische Geräte" 2-mal in Klassenstärke, die Kopiervorlage „Strom-Lotto" 1-mal pro 3er-Gruppe.
- Kopieren Sie die Kopiervorlage „Suchsel Elektrische Geräte" 1-mal und erstellen Sie ein Lösungsblatt.

Stundenverlauf

Einstieg (ca. 5 Min.)

Treffen Sie sich mit den Schülern im Sitzkreis. Legen Sie die elektrischen Geräte (oder Bilder) aus und besprechen Sie mit den Schülern, wie die Geräte heißen und wozu sie benötigt werden.

Erarbeitung (ca.10 Min.)

Die Schüler bearbeiten die Kopiervorlage „Wortschatz Strom – Elektrische Geräte" in Einzelarbeit.

Übungsphase (ca. 20 Min.)

Stellen Sie den Kindern alle Aufgaben vor. Die Schüler festigen den Wortschatz, indem sie die Begriffe im Suchsel suchen, anmalen und mit dem Lösungsblatt kontrollieren. Wer fertig ist, wartet auf zwei andere Schüler und spielt mit ihnen das „Strom-Lotto". In der Wartezeit schneiden die fertigen Schüler die Wortschatz-Karten aus. Das „Strom-Lotto" kann mehrfach gespielt werden, bis die Zeit um ist. Achten Sie darauf, dass die Schüler die Sätze sprechen.

Abschluss (ca. 5 Min.)

Spielen Sie „Feuer, Wasser, Sturm". Ersetzen Sie die Wörter durch die Wirkungsweisen des Stroms. Teilen Sie jeder Zimmerecke eine Wirkungsweise (Bewegung, Wärme, Kälte, Licht) zu. Nennen Sie ein elektrisches Gerät. Die Schüler begeben sich in die passende Zimmerecke.

Lösung Suchsel:

B	O	H	R	M	A	S	C	H	I	N	E	
S												K
T	A	S	C	H	E	N	L	A	M	P	E	Ü
A									I			H
U				F	Ö	H	N		X		L	L
B		O		E					E		A	S
S		F		R					R		M	C
A		E		N							P	H
U		N		S							E	R
G			H	E	I	Z	U	N	G			A
E				H								N
R				E								K
				R			A	M	P	E	L	
E	L	E	K	T	R	O	L	O	K			

Wortschatz Strom – Elektrische Geräte

Male mit der gleichen Farbe an, was zusammengehört. 

der / ein Föhn die Föhne	die / eine Heizung die Heizungen	der / ein Ofen die Öfen	der / ein Kühlschrank die Kühlschränke
© Norbert Höveler	© Norbert Höveler	© Norbert Höveler	© Norbert Höveler

die / eine Lampe die Lampen	die / eine Ampel die Ampeln	die / eine Taschenlampe die Taschenlampen	der / ein Fernseher die Fernseher
© Jens Müller	© Norbert Höveler	© Norbert Höveler	© Norbert Höveler

die / eine Elektrolok die Elektroloks	die / eine Bohrmaschine die Bohrmaschinen	der / ein Staubsauger die Staubsauger	der / ein Mixer die Mixer
© Norbert Höveler	© Norbert Höveler	© Verlag an der Ruhr	© Norbert Höveler

© Verlag an der Ruhr | Autorin: Nina Wilkening | ISBN 978-3-8346-4149-6 | www.verlagruhr.de

Strom-Lotto

Spiel für 3 Spieler:

1. **Schneidet die Spielfelder aus. Jeder Spieler bekommt eines.**
2. **Schneidet die Bildkarten von der Kopiervorlage „Wortschatz Strom – Elektrische Geräte" aus und legt sie verdeckt auf den Tisch.**
3. **Zieht eine Karte und sagt, zu welchem Spielfeld sie gehört: „Der Mixer gehört zum Spielfeld Bewegung. Der Strom erzeugt Bewegung." Legt die Karte auf das Spielfeld.**

Gewonnen hat, wer sein Spielfeld als Erster voll hat. Das Spiel ist erst dann zu Ende, wenn alle Spielfelder voll sind.

Spielfeld Bewegung

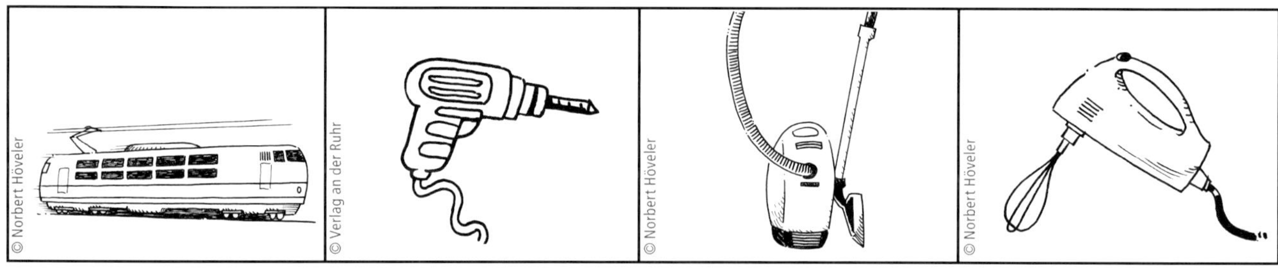

Spielfeld Wärme und Kälte

Spielfeld Licht

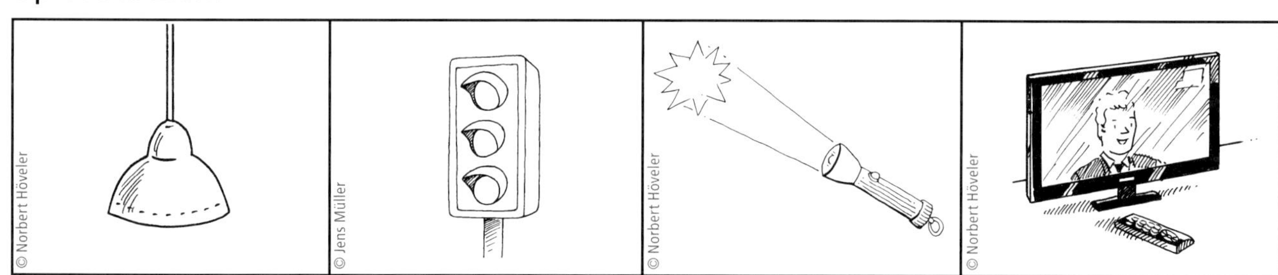

© Verlag an der Ruhr | Autorin: Nina Wilkening | ISBN 978-3-8346-4149-6 | www.verlagruhr.de

Suchsel Elektrische Geräte

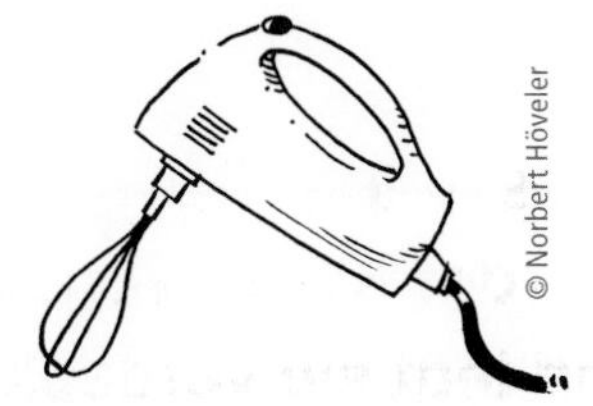

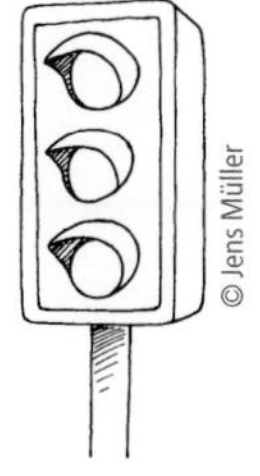

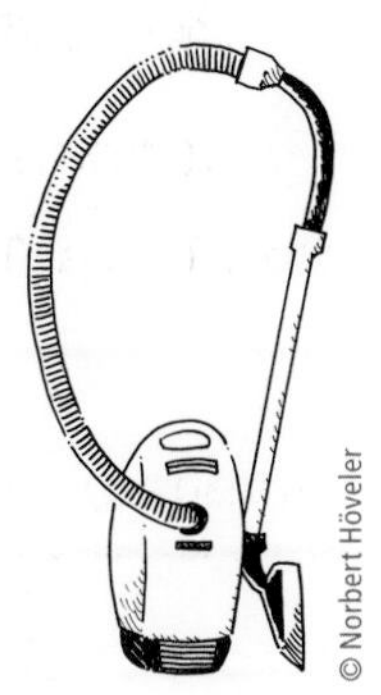

B	O	H	R	M	A	S	C	H	I	N	E	B
H	J	N	I	L	O	P	W	Q	V	C	D	N
S	B	S	A	H	J	I	K	R	N	V	D	K
T	A	S	C	H	E	N	L	A	M	P	E	Ü
A	E	F	I	P	L	N	M	S	I	Y	S	H
U	B	V	E	F	Ö	H	N	F	X	M	L	L
B	B	O	H	E	E	A	B	D	E	N	A	S
S	W	F	H	R	N	M	S	S	R	K	M	C
A	L	E	G	N	T	Z	U	K	I	M	P	H
U	B	N	E	S	B	C	W	O	A	N	E	R
G	F	G	H	E	I	Z	U	N	G	P	M	A
E	R	T	N	H	D	B	O	U	L	M	C	N
R	C	G	E	E	B	A	V	R	O	P	M	K
Q	F	G	B	R	R	N	A	M	P	E	L	N
F	N	J	K	L	P	O	N	D	F	T	W	B
E	L	E	K	T	R	O	L	O	K	P	N	M

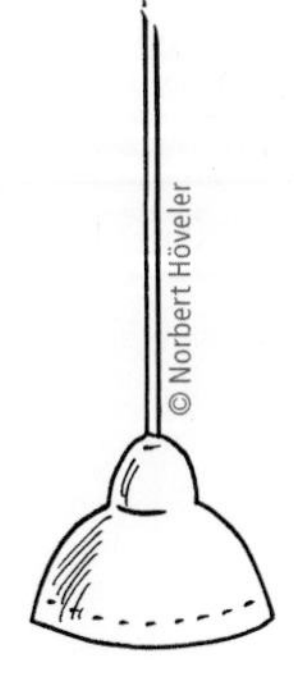

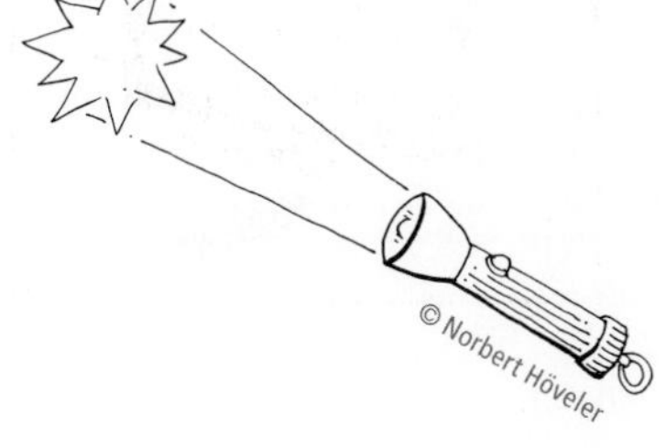

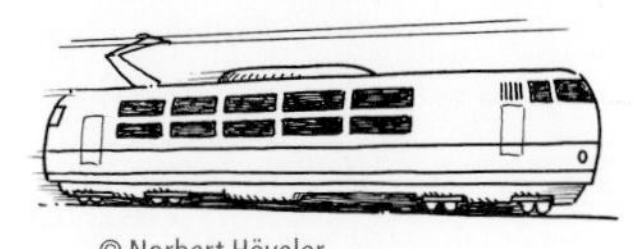

17. Schmetterling

Darum geht's

Die Kinder lernen die Körperteile des Schmetterlings und die Entwicklung der Raupe zum Schmetterling kennen. Sie festigen den Wortschatz „Farben" und erweitern den Wortschatz zum Thema „Schmetterlinge".

Kompetenzerwartungen

Die Kinder
- kennen die Körperteile des Schmetterlings.
- können die Entwicklungsstadien des Schmetterlings benennen.

Materialliste

- Kopiervorlage „Wortschatz Schmetterling" (S. 73)
- Kopiervorlage „Schmetterling" (S. 74)
- Kopiervorlage „Von der Raupe zum Schmetterling" (S. 75)
- evtl. Magnete für die Tafel

Das bereiten Sie vor

- Kopieren Sie die Kopiervorlagen 1-mal für jeden Schüler.
- Kopieren Sie die Vorlage „Wortschatz Schmetterling" und die Vorlage „Schmetterling" 1-mal, möglichst vergrößert (s. Einstieg).
- Schneiden Sie die Wortschatz-Karten auseinander und einen Schmetterling aus.
- Kopieren Sie die Vorlage „Von der Raupe zum Schmetterling" 2-mal, erstellen Sie ein Lösungsblatt und schneiden Sie die Texte und Bilder der zweiten Kopie auseinander.

Stundenverlauf

Einstieg (ca. 5 Min.)

Verteilen Sie die Wortschatzkarten (nur die Wörter) an einzelne Schüler und hängen Sie ein Schmetterling-Bild (Kopiervorlage „Schmetterling") auf. Bitten Sie die Schüler, den Körperteil, der auf ihrer Karte abgebildet ist, zu benennen und zum Bild zu hängen.

Erarbeitung (ca. 10 Min.)

Die Schüler bearbeiten die Kopiervorlage „Wortschatz Schmetterling" in Einzelarbeit.

Übungsphase (ca. 25 Min.)

Partnerarbeit: Die Schüler bearbeiten die Kopiervorlage „Schmetterling". Sie würfeln, wählen ein Körperteil aus, malen dieses an und sprechen dazu. Jeder Schüler malt seinen Schmetterling an. In der vorgegebenen Zeit sollte jeder mindestens einen Schmetterling fertig malen. Schnelle Schülerpaare können beide Schmetterlinge anmalen. Brechen Sie die Phase nach ca. 10 Minuten ab. Die Schüler bearbeiten in Einzelarbeit die Kopiervorlage „Von der Raupe zum Schmetterling" und kontrollieren ihre Lösung mit dem Lösungsblatt.

Abschluss (ca. 5 Min.)

Verteilen Sie die Texte und Bilder von der Kopiervorlage „Von der Raupe zum Schmetterling" an die Schüler. Versuchen Sie gemeinsam, die Entwicklung nachzuvollziehen und Texte und Bilder einander richtig zuzuordnen. Die Schüler legen Texte und Bilder zusammen auf einen Tisch oder hängen sie an die Tafel.

Differenzierung

- Würfelspiel: Schüler, die die Farben nicht kennen, sollten die Würfelaugen vor dem Spiel passend anmalen.
- Leistungsstarke Schüler können versuchen, einen kleinen Vortrag zur Entwicklung nur anhand der Bilder einzuüben.

Wortschatz Schmetterling

Trage die Wörter an der richtigen Stelle ein.

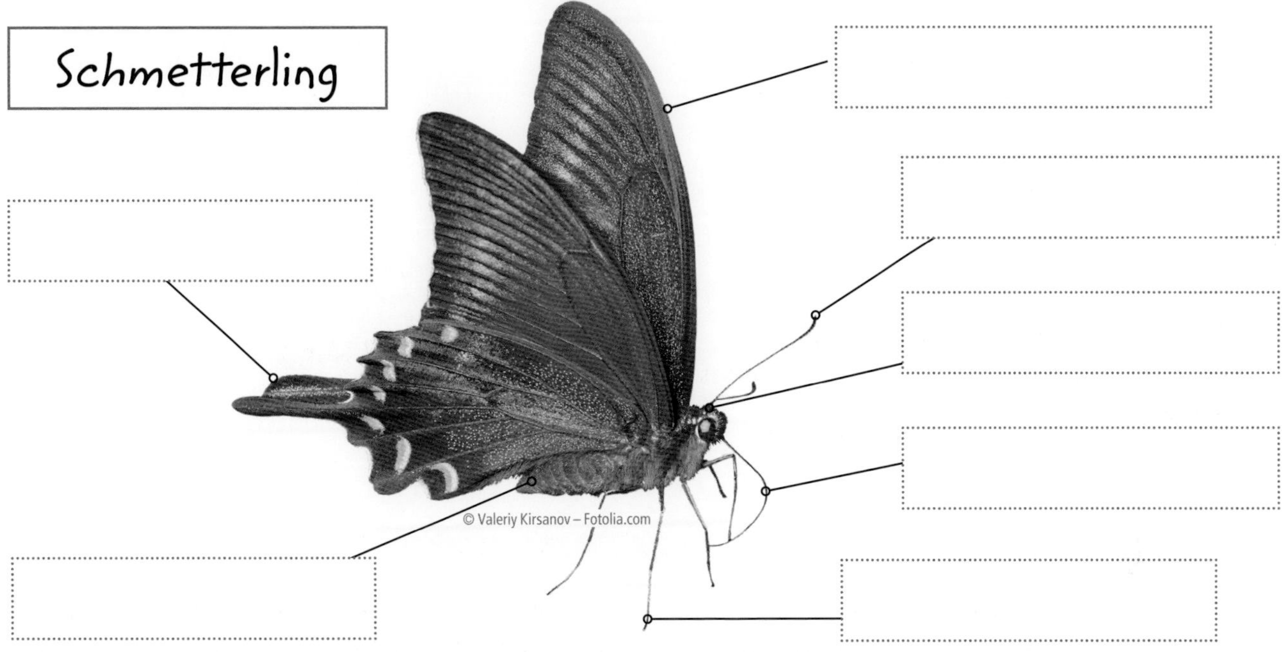

der ein Schmetterling	der ein Fühler	der ein Vorderflügel	der ein Hinterflügel
die Schmetterlinge	die Fühler	die Vorderflügel	die Hinterflügel
der ein Hinterleib	das ein Bein die Beine	der ein Saugrüssel die Saugrüssel	das ein Facettenauge die Facettenaugen

Male mit der gleichen Farbe an, was zusammengehört.

die eine Raupe die Raupen	die eine Puppe die Puppen der ein Kokon die Kokons	das ein Ei die Eier	das ein Blatt die Blätter

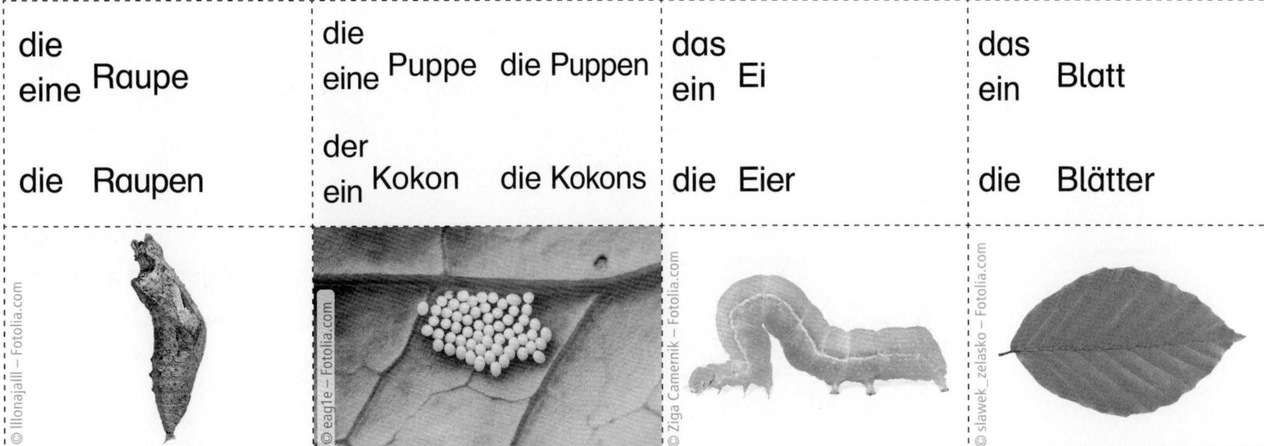

 © Verlag an der Ruhr | Autorin: Nina Wilkening | ISBN 978-3-8346-4149-6 | www.verlagruhr.de

Schmetterling

Es wird abwechselnd gewürfelt. Sucht euch einen Körperteil aus, malt ihn in der passenden Farbe an und sprecht dazu, zum Beispiel: „Ich male das Auge blau an."

⚀ ➲ rot

⚁ ➲ gelb

⚂ ➲ blau

⚃ ➲ grün

⚄ ➲ braun

⚅ ➲ schwarz

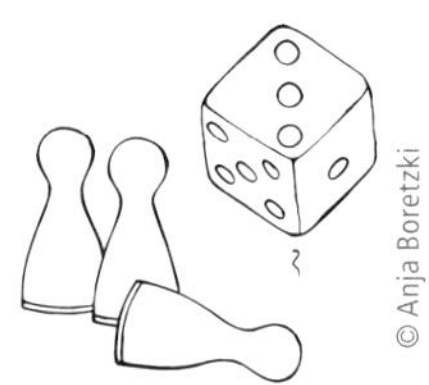

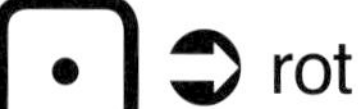

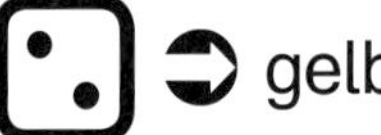

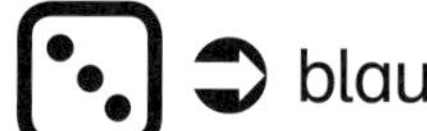

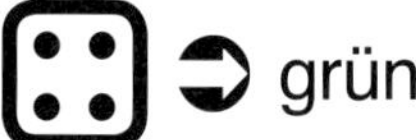

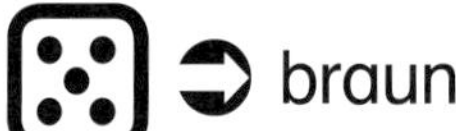

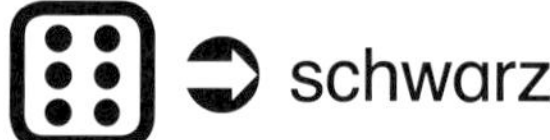

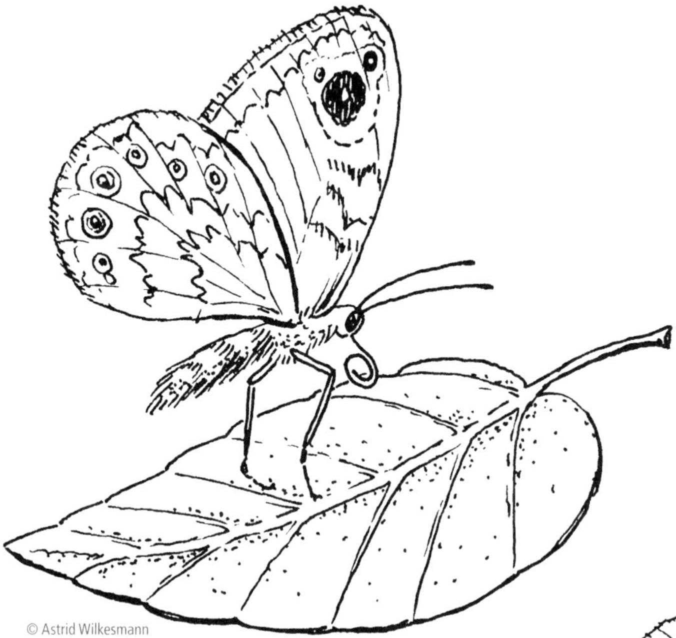

© Verlag an der Ruhr | Autorin: Nina Wilkening | ISBN 978-3-8346-4149-6 | www.verlagruhr.de

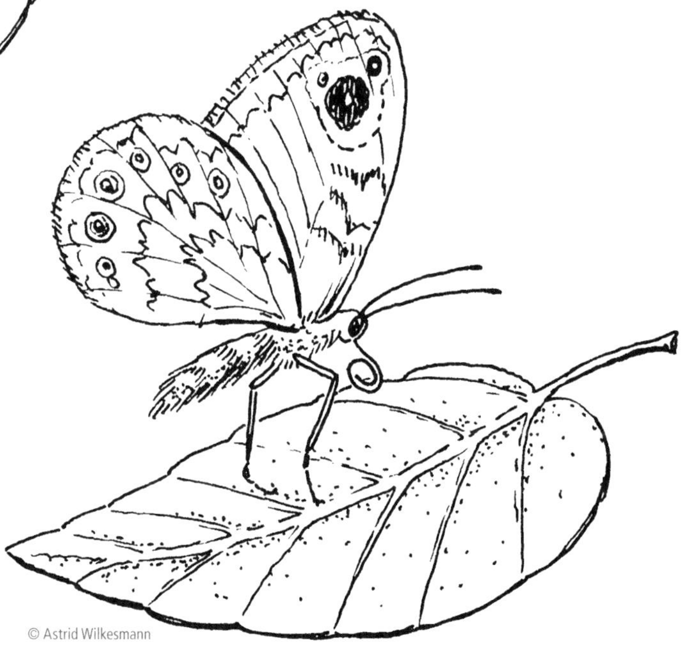

Von der Raupe zum Schmetterling

1. **Schneide die Bilder unten aus.**
2. **Lies die Sätze.**
3. **Klebe das richtige Bild zum passenden Satz.**

Der Schmetterling legt Eier auf ein Blatt.

Aus dem Ei schlüpft eine Raupe.

Die Raupe verpuppt sich. Sie spinnt einen Kokon.

Der Schmetterling schlüpft aus der Puppe.

© Verlag an der Ruhr | Autorin: Nina Wilkening | ISBN 978-3-8346-4149-6 | www.verlagruhr.de

18. Skelett

Darum geht's

Die Kinder lernen die wichtigsten Knochen des menschlichen Skeletts kennen. Sie festigen den Wortschatz zum Thema „Farben".

Kompetenzerwartungen

Die Kinder
- kennen die wichtigsten Knochen des menschlichen Skeletts (Namen und Lagen).
- kennen Farben.
- können einfache Sätze bilden: „Welche Farbe hat der Schädel?" – „Der Schädel ist blau."

Materialliste

- Kopiervorlage „Wortschatz Skelett" (S. 77)
- Kopiervorlage „Bunte Skelettzwillinge" (S. 78–79)
- ein Folienstift

Das bereiten Sie vor

- Kopieren Sie die Kopiervorlagen in Klassenstärke.
- Kopieren Sie die Kopiervorlage „Bunte Skelettzwillinge" 1-mal auf Folie. Schneiden Sie das Skelett Nummer 2 in Puzzleteile. Statt auf Folie über den OHP können Sie auch mit normalen Kopien und der Dokumentenkamera arbeiten.

Stundenverlauf

Einstieg (ca. 5–10 Min.)

Verteilen Sie die Puzzleteile auf dem OHP und bitten Sie einen oder zwei Schüler, die Puzzleteile gemeinsam zusammenzusetzen. Legen Sie das Skelett Nr. 1 auf und beschriften Sie zusammen mit den Schülern die Kästchen. Sie können parallel dazu auch die Kopiervorlage „Wortschatz Skelett" verteilen, damit die Schüler von dort die Begriffe „abgucken" dürfen. Die ausgefüllte OHP-Folie kann liegen bleiben, sodass die Schüler sie in der Übungsphase als Lösungsblatt nutzen können.

Erarbeitung (ca. 10 Min.)

Die Schüler bearbeiten die Kopiervorlage „Wortschatz Skelett" in Einzelarbeit.

Übungsphase (ca. 15–20 Min.)

Die Schüler bearbeiten zunächst in Einzelarbeit, dann in Partnerarbeit die Kopiervorlage „Bunte Skelettzwillinge". Erklären Sie den Schülern zuvor, was Zwillinge sind. Am Ende sollen je zwei Skelette gleich aussehen (Nr. 1 von Partner A + Nr. 2 von Partner B bzw. Nr. 1 von Partner B und Nr. 2 von Partner A).

Abschluss (ca. 10 Min.)

Spielen Sie Körperteile-Bingo. Zeichnen Sie ein Bingospielfeld an die Tafel (Tabelle mit 3x3-Feldern). Bitten Sie die Schüler, die Tabelle auf ein Blatt/ins Heft zu übertragen und in jedes Feld einen Begriff des Wortschatz-Blattes einzutragen.
Schreiben Sie die Begriffe des Wortschatz-Blattes nacheinander, in beliebiger Reihenfolge, an die Tafel. Geben Sie jeweils etwas Zeit, damit die Schüler den aktuellen Begriff auf ihrem Bingofeld suchen und ggf. ankreuzen können. Wer drei Kreuze in einer Reihe (waagrecht, senkrecht, diagonal) hat, ruft „Bingo". Gewonnen hat der, der alle neun Begriffe zuerst angekreuzt hat.
Wenn noch Zeit bleibt, können Sie noch „Duschmännchen" (Galgenmännchen) mit den Namen der Knochen spielen.

Wortschatz Skelett

Male mit der gleichen Farbe an, was zusammengehört.

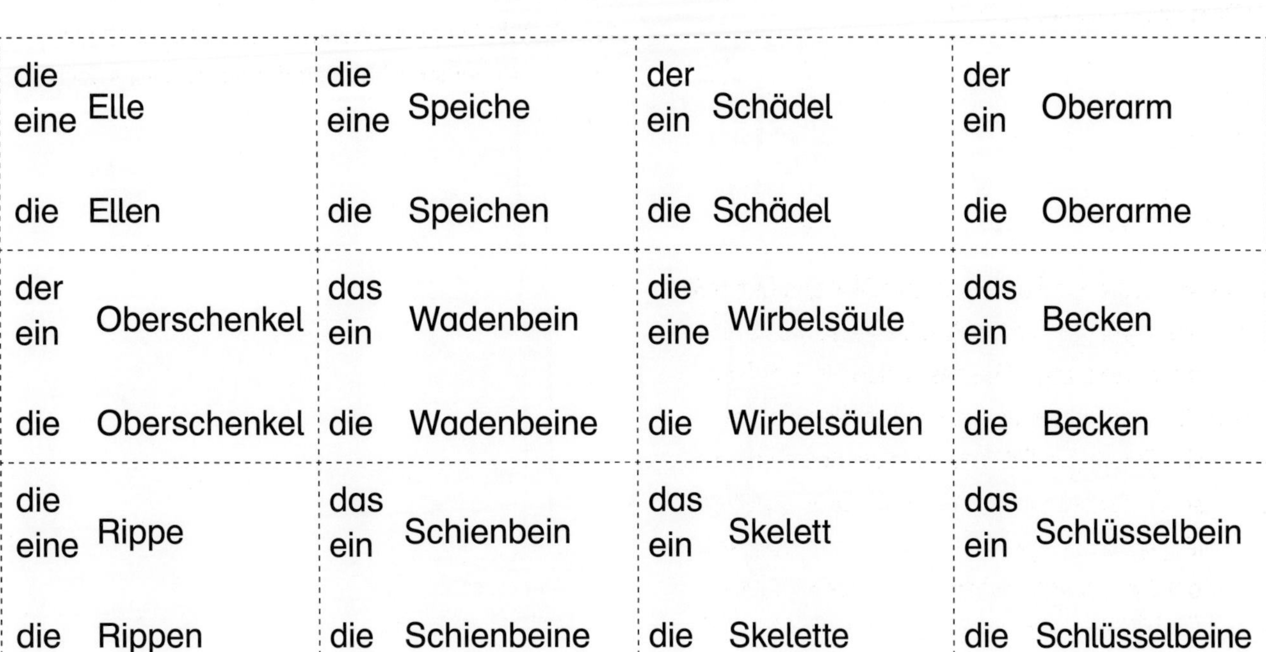

die eine Elle die Ellen	die eine Speiche die Speichen	der ein Schädel die Schädel	der ein Oberarm die Oberarme
der ein Oberschenkel die Oberschenkel	das ein Wadenbein die Wadenbeine	die eine Wirbelsäule die Wirbelsäulen	das ein Becken die Becken
die eine Rippe die Rippen	das ein Schienbein die Schienbeine	das ein Skelett die Skelette	das ein Schlüsselbein die Schlüsselbeine

© Verlag an der Ruhr | Autorin: Nina Wilkening | ISBN 978-3-8346-4149-6 | www.verlagruhr.de

Bunte Skelettzwillinge (1/2)

Einzelarbeit:

1. **Male jeden Knochen von Skelett Nummer 1 in einer anderen Farbe an.** Achtung: Manchmal gibt es mehrere gleiche Knochen. Sie sollen gleich angemalt werden.
2. **Schreibe in den Kasten die richtigen Begriffe:** Schädel, Wirbelsäule, Schlüsselbein, Rippen, Oberarmknochen, Becken, Oberschenkelknochen.

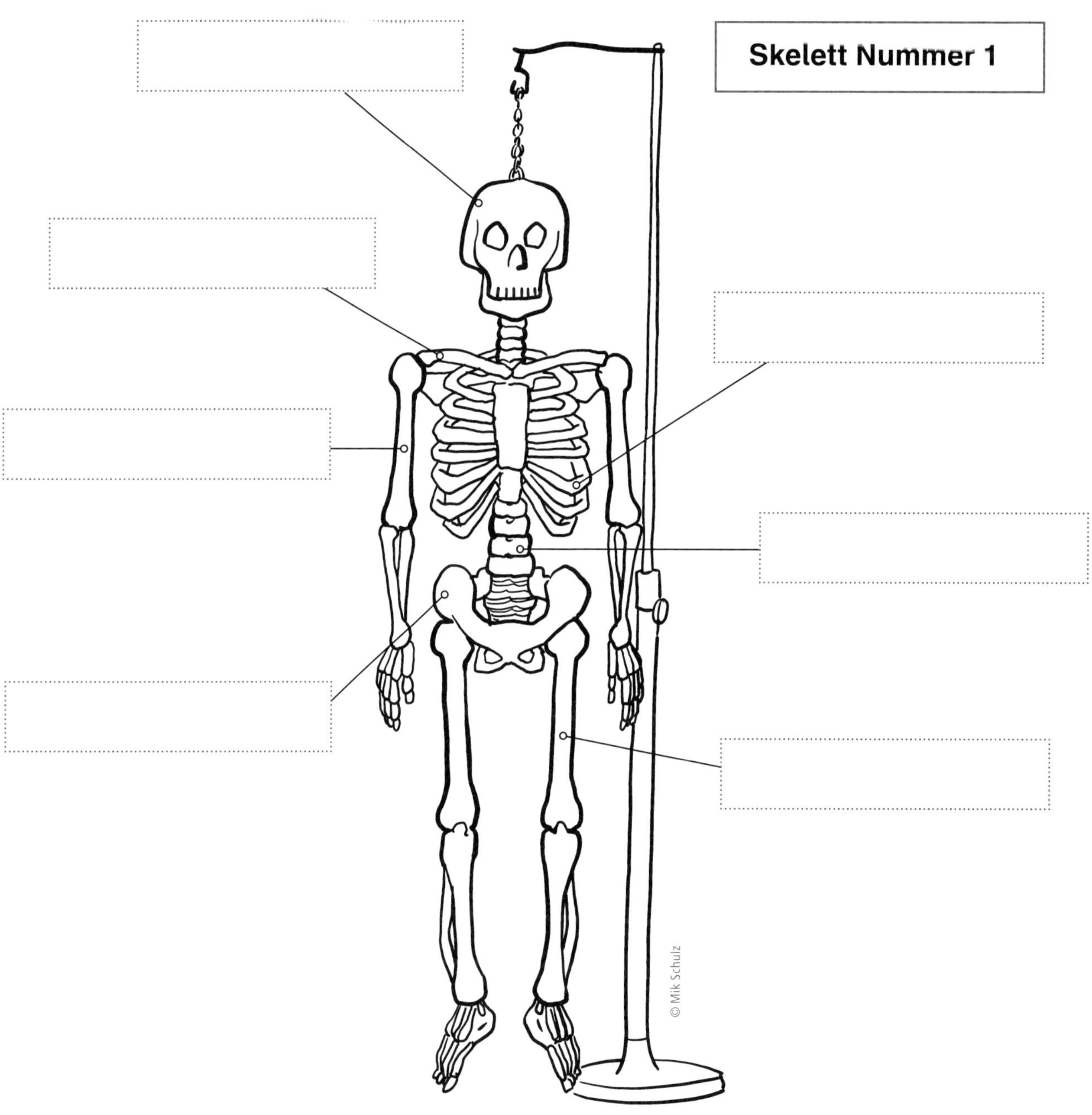

© Verlag an der Ruhr | Autorin: Nina Wilkening | ISBN 978-3-8346-4149-6 | www.verlagruhr.de

Bunte Skelettzwillinge (2/2)

Partnerarbeit:

Befragt euch gegenseitig und malt das Skelett Nummer 2 so an, dass es wie das Skelett Nummer 1 deines Partners aussieht.

Zum Beispiel:
Schüler 1: „Welche Farbe hat der Schädel?“ (Skelett Nummer 1 von Schüler 2)
Schüler 2: „Der Schädel ist blau.“
Schüler 1 malt den Schädel von Skelett Nummer 2 blau an.

Skelett Nummer 2

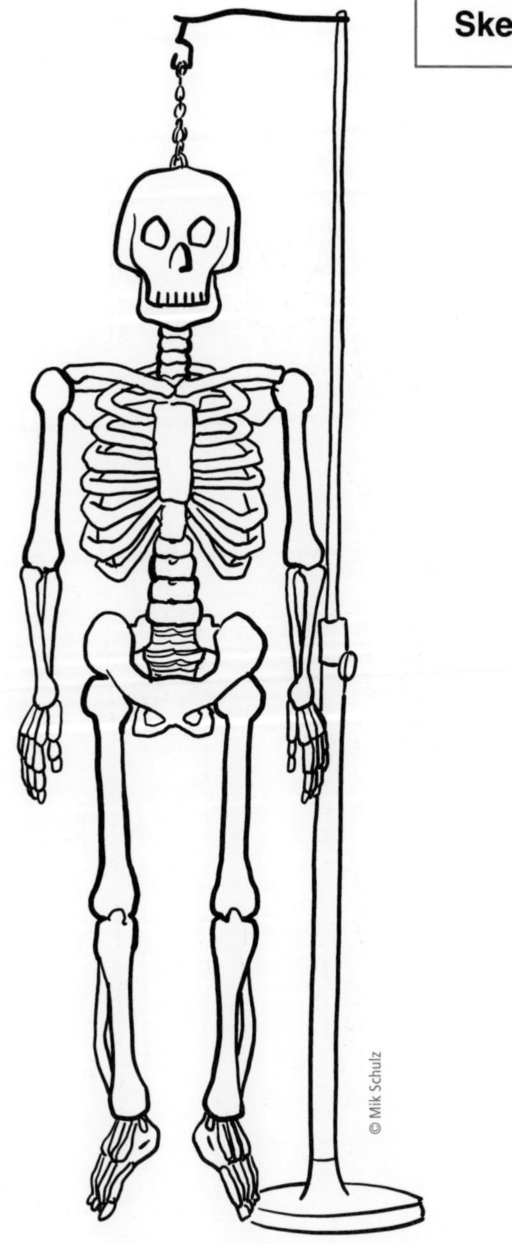

19. Magnetismus

Darum geht's

Die Kinder lernen magnetische und nicht magnetische Gegenstände kennen.

Kompetenzerwartungen

Die Kinder
- kennen magnetische und nicht magnetische Gegenstände.

Materialliste

- Kopiervorlage „Wortschatz Magnetismus" (S. 81)
- Kopiervorlage „Würfelspiel Magnetismus" (S. 82)
- Materialien zum Testen (Einstieg): Magnete, magnetische (s. Kopiervorlage „Wortschatz Magnetismus") und nicht magnetische Gegenstände
- zwei kleine Tischkarten, auf die Sie „magnetisch" und „nicht magnetisch" schreiben

Das bereiten Sie vor

- Kopieren Sie die Kopiervorlage „Wortschatz Magnetismus" 1-mal in Klassenstärke.
- Kopieren Sie die Kopiervorlage „Würfelspiel Magnetismus" 1-mal für jede Kleingruppe (2–4 Spieler).

Stundenverlauf

Einstieg (ca. 10 Min.)

Setzen Sie sich mit Ihren Schülern in einen Stuhlkreis. Legen Sie die Gegenstände auf den Boden. Erklären Sie den Schülern, falls nötig, was „magnetisch" bedeutet. Sortieren Sie mit den Schülern die Gegenstände in magnetische und nicht magnetische. Schicken Sie die Schüler zurück auf ihre Plätze. Bauen Sie die Gegenstände für alle sichtbar auf, z. B. auf einem Tisch. Stellen Sie die Schilder „magnetisch" und „nicht magnetisch" zu den entsprechenden Gegenständen.

Erarbeitung (ca. 10 Min.)

Die Schüler bearbeiten die Kopiervorlage „Wortschatz Magnetismus" in Einzelarbeit.

Übungsphase (ca. 20 Min.)

Die Schüler spielen in Kleingruppen (2–4 Spieler) das Magnetismus-Würfelspiel. Es können mehrere Runden gespielt werden, damit die Begriffe gefestigt werden.

Abschluss (ca. 5 Min.)

Spielen Sie das Spiel „Alle Vögel fliegen hoch" in abgewandelter Form. Sagen Sie „Alle Magnete ziehen an … die Schere, das Buch …". Bei „ziehen an" machen Sie eine passende Bewegung. Die Schüler machen diese Bewegung mit, wenn der Gegenstand angezogen wird. Sie machen sie nicht mit, wenn der Gegenstand nicht angezogen wird. Wer falsch reagiert, scheidet aus.

Wortschatz Magnetismus

Male mit der gleichen Farbe an, was zusammengehört. 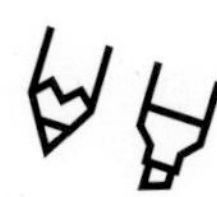

der / ein Stabmagnet die Stabmagnete	der / ein Pol die Pole	der / ein Hufeisenmagnet die Hufeisenmagnete	der / ein Scheibenmagnet die Scheibenmagnete
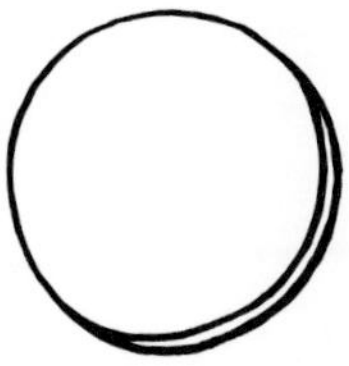 © Verlag an der Ruhr	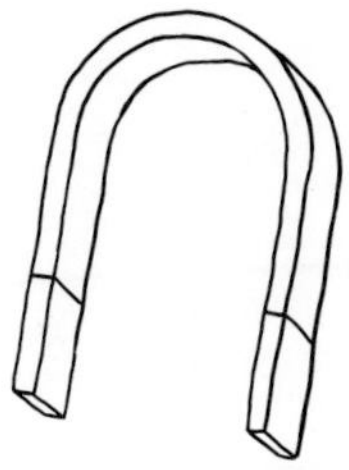 © Verlag an der Ruhr	 © Verlag an der Ruhr	 © Verlag an der Ruhr

die / eine Schraube die Schrauben	die / eine Büroklammer die Büroklammern	die / eine Schere die Scheren	der / ein Schlüssel die Schlüssel
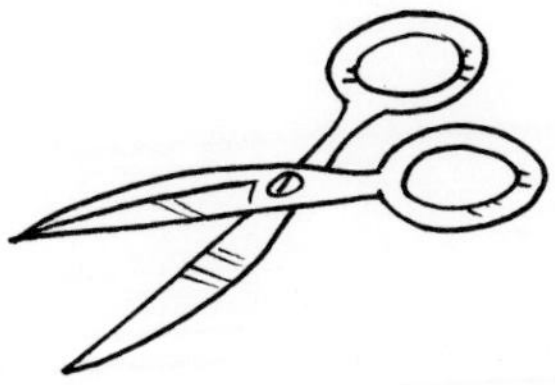 © Norbert Höveler	 © Norbert Höveler	 © Verlag an der Ruhr	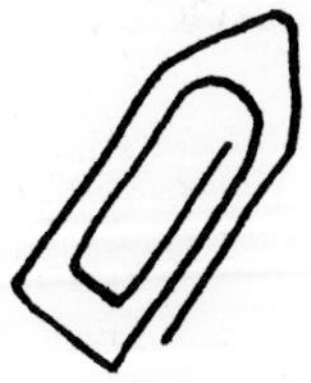 © Verlag an der Ruhr

die / eine Nadel die Nadeln	die / eine Münze die Münzen	die / eine Gabel die Gabeln	das / ein Messer die Messer
 © Norbert Höveler	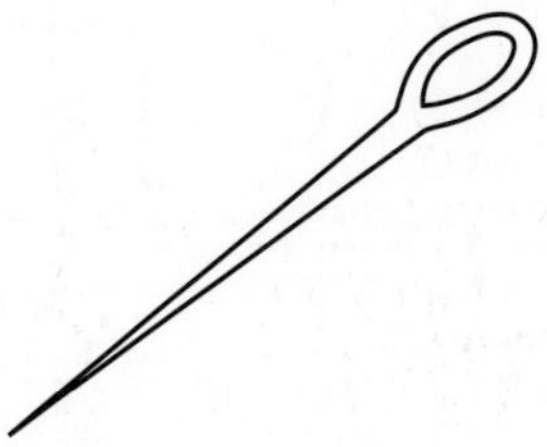 © Verlag an der Ruhr	 © Norbert Höveler	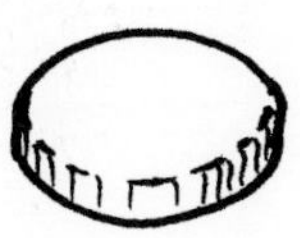 © Astrid Wilkesmann

© Verlag an der Ruhr | Autorin: Nina Wilkening | ISBN 978-3-8346-4149-6 | www.verlagruhr.de

Würfelspiel Magnetismus

Spiel für 2–4 Spieler:

Würfelt und setzt eure Figuren.

Kommt ihr auf ein Feld, auf dem etwas abgebildet ist, geht es bei magnetischen Gegenständen nach unten. Bei nicht magnetischen Gegenständen geht es nach oben. Sprecht dazu zum Beispiel: „Der Hufeisenmagnet ist magnetisch.“

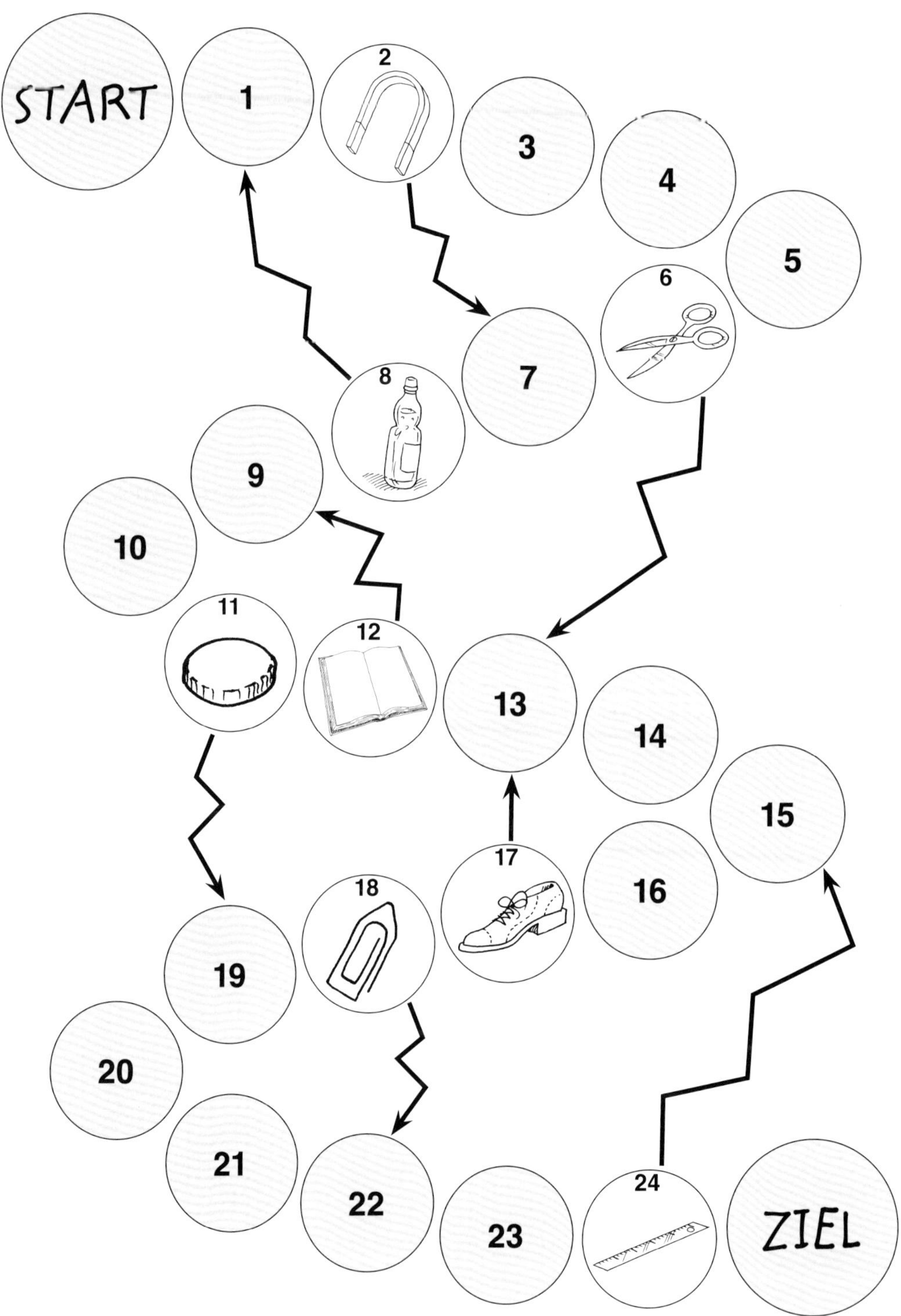

© Verlag an der Ruhr | Autorin: Nina Wilkening | ISBN 978-3-8346-4149-6 | www.verlagruhr.de

20. Wasserkreislauf

Darum geht's

Die Kinder lernen den Wasserkreislauf kennen und können mithilfe von vorgegebenen Sätzen einen Vortrag halten.

Kompetenzerwartungen

Die Kinder
- kennen den Wasserkreislauf.
- können mithilfe von vorgegebenen Sätzen einen Vortrag über den Wasserkreislauf halten.

Materialliste

- Kopiervorlage „Wortschatz Wasserkreislauf" (S. 84)
- Kopiervorlage „Wasserkreislauf" (S. 85)

Das bereiten Sie vor
- Kopieren Sie die Kopiervorlage „Wortschatz Wasserkreislauf" 2-mal, die Kopiervorlage „Wasserkreislauf" 1-mal in Klassenstärke.
- Kopieren Sie beide Kopiervorlagen 1-mal und erstellen Sie ein Lösungsblatt für die Kopiervorlage „Wasserkreislauf".
- Kopieren Sie beide Kopiervorlagen 1-mal auf OHP-Folie. Schneiden Sie nur die grau unterlegten Karten aus.

Stundenverlauf

Einstieg (ca. 10 Min.)

Verteilen Sie die grau unterlegten OHP-Karten an die Schüler. Legen Sie die Abbildung des Wasserkreislaufs auf. Bitten Sie die Schüler, ihre Karten zuzuordnen. Besprechen Sie den Wasserkreislauf.
Erklären Sie den Schülern, was bei einem Vortrag zu beachten ist (z. B. deutliche Aussprache, Blickkontakt zu Zuhörern, auf der Abbildung zeigen, was man gerade erklärt).
Alternativ können Sie auch mit der Dokumentenkamera statt mit dem OHP arbeiten.

Erarbeitung (ca. 10 Min.)

Die Schüler bearbeiten die Kopiervorlage „Wortschatz Wasserkreislauf" in Einzelarbeit.

Übungsphase (ca. 20 Min.)

Die Kinder bearbeiten die Kopiervorlage „Wasserkreislauf" in Einzelarbeit und kontrollieren am Lösungsblatt. Anschließend suchen sie sich einen Partner und üben mit diesem gemeinsam den Vortrag.

Abschluss (ca. 5 Min.)

Je nach Gruppengröße können alle oder einzelne Schüler/Schülerpaare den Vortrag halten. Bei einer sehr großen Lerngruppe können Sie auch Gruppen (z. B. 4 Schüler) bilden, in denen sich die Schüler gegenseitig ihren Vortrag vorstellen.

Wortschatz Wasserkreislauf

Male mit der gleichen Farbe an, was zusammengehört. 

die / eine Quelle die Quellen	der / ein Bach die Bäche	der / ein Fluss die Flüsse	das / ein Meer die Meere

Das Wasser verdunstet. Es steigt auf.	die / eine Wolke die Wolken	die / eine Sonne	Die Sonne erwärmt das Wasser.
Es regnet.	der / ein Regentropfen die Regentropfen	Die Luft kühlt sich ab.	Die Regentropfen versickern im Boden.

© Verlag an der Ruhr | Autorin: Nina Wilkening | ISBN 978-3-8346-4149-6 | www.verlagruhr.de

Wasserkreislauf

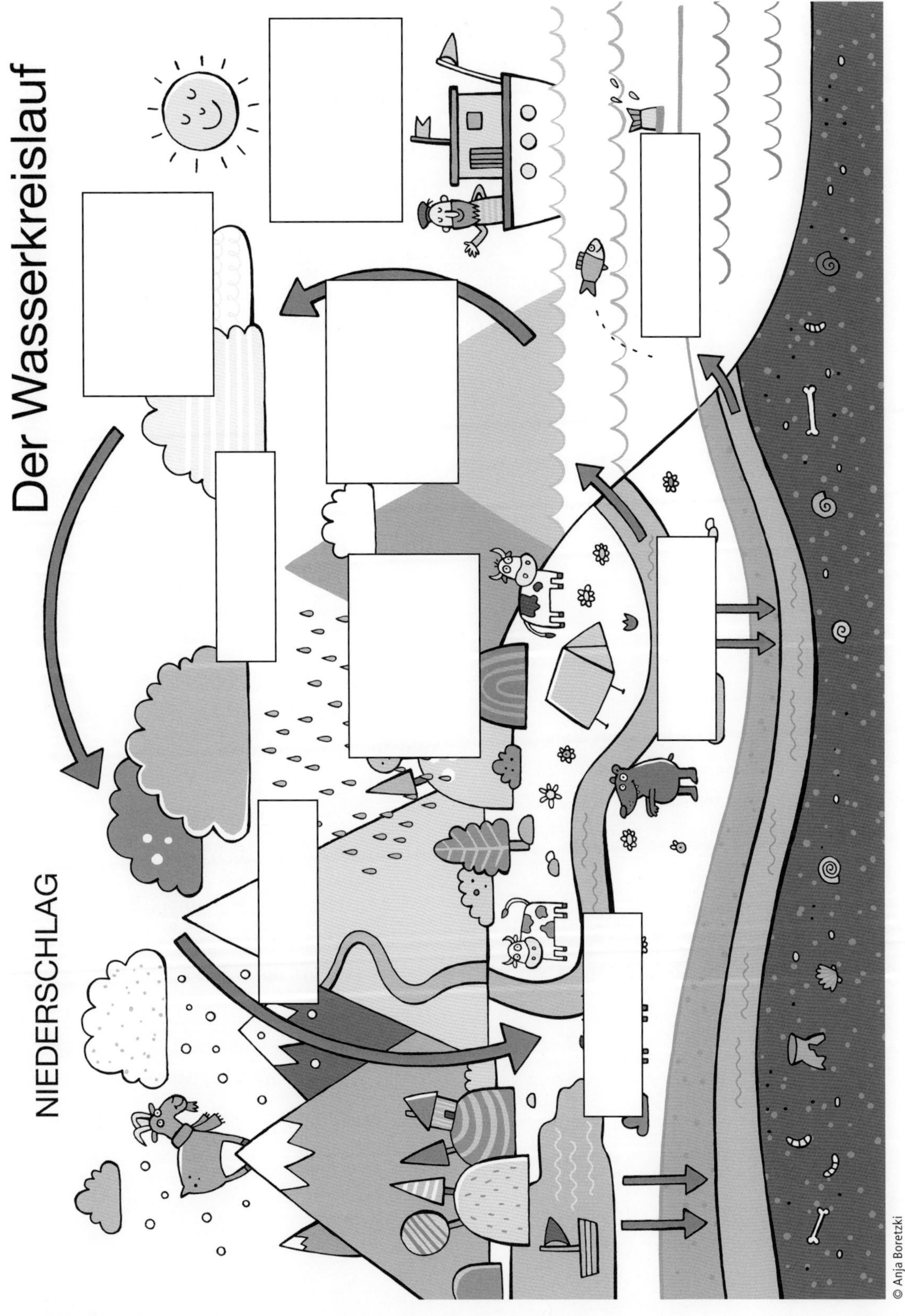

1. **Schreibe die Begriffe und Sätze der dunklen Kärtchen an die richtigen Stellen.**
2. **Beschreibe den Wasserkreislauf. Übe mit deinem Partner: Lies die Sätze vor und zeige auf dem Bild, was du beschreibst.**

 © Verlag an der Ruhr | Autorin: Nina Wilkening | ISBN 978-3-8346-4149-6 | www.verlagruhr.de

Getreide

Darum geht's

Die Kinder lernen die Bestandteile einer Getreidepflanze und vier Getreidesorten kennen.

Kompetenzerwartungen

Die Kinder

- kennen die Bestandteile einer Getreidepflanze.
- kennen die Namen von vier Getreidesorten und können diese am Aussehen erkennen.

Materialliste

- Kopiervorlage „Wortschatz Getreide" (S. 87)
- Kopiervorlage „Getreidepflanze – 3 gewinnt" (S. 88)
- Kopiervorlage „Getreidemaus" (S. 89)
- evtl. Folienstift (für den Einstieg)

Das bereiten Sie vor

- Kopieren Sie die Kopiervorlage „Wortschatz Getreide" 1-mal in Klassenstärke.
- Kopieren Sie die Kopiervorlage „Getreidepflanze – 3 gewinnt" in halber Klassenstärke.
- Kopieren Sie die Kopiervorlage „Getreidemaus" für jede Gruppe (2–4 Spieler) 2-mal.
- Kopieren Sie die Kopiervorlage „Getreidepflanze – 3 gewinnt" einmal auf OHP-Folie oder Papier (falls Sie über eine Dokumentenkamera verfügen).

Stundenverlauf

Einstieg (ca. 5 Min.)

Legen Sie die OHP-Folie auf bzw. die Kopie unter die Dokumentenkamera. Besprechen Sie mit den Schülern, wie die einzelnen Bestandteile der Getreidepflanze heißen, und schreiben Sie die Begriffe an eine Pflanze. Geben Sie einen Überblick über die Stunde und erklären Sie die Spiele.

Erarbeitung (ca. 10 Min.)

Die Kinder bearbeiten die Kopiervorlage „Wortschatz Getreide" in Einzelarbeit.

Übungsphase (ca. 20 Min.)

Die Schüler spielen zunächst zu zweit das Spiel „Getreidepflanze – 3 gewinnt". Bei diesem Spiel festigen sie die Wörter der Bestandteile einer Getreidepflanze. Anschließend spielen sie in Kleingruppen (2–4 Schüler) das Spiel „Getreidemaus". Hier festigen sie die Getreidesorten.

Abschluss (ca. 10 Min.)

Teilen Sie eine große Lerngruppe in mehrere Kleingruppen (je nach Größe der Lerngruppe zwischen 3 und 5 Kinder). Jeweils ein Kind zieht für seine Gruppe ein bis drei Karten. Hängen Sie die Karten an die Tafel, legen Sie sie unter die Dokumentenkamera oder setzen Sie sich mit den Schülern in den Stuhlkreis, sodass jeder die Karten seiner Gruppe sehen kann. Spielen Sie gemeinsam das Spiel „Getreidemaus".

Wortschatz Getreide

Male mit der gleichen Farbe an, was zusammengehört. 

die Gerste die Gersten	der Roggen der Roggen	der Hafer der Hafer	der Weizen der Weizen

die eine Getreidepflanze die Getreidepflanzen	die eine Wurzel die Wurzeln	die ein Halm die Halme	der ein Knoten die Knoten

die eine Ähre die Ähren	das ein Korn die Körner	das ein Laubblatt die Laubblätter	die eine Granne die Grannen

Getreidepflanze – 3 gewinnt

Spiel für 2 Spieler:

Spieler 1: Spieler 2:

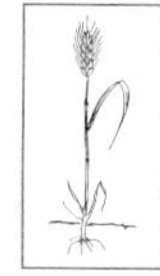

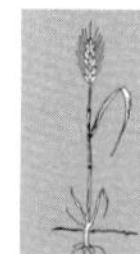

Würfelt und malt an. Sprecht dazu: „Ich male die Wurzel an.“
Wer zuerst alle Pflanzen komplett angemalt hat, hat gewonnen.

⚀ ➲ Wurzel ⚁ ➲ Halm ⚂ ➲ Laubblatt

⚃ ➲ Knoten ⚄ ➲ Korn ⚅ ➲ Granne

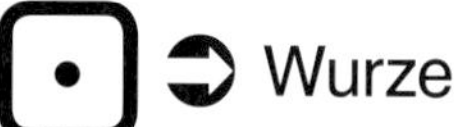

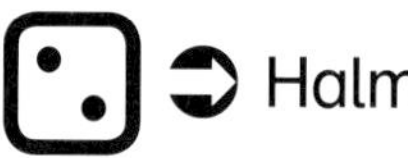

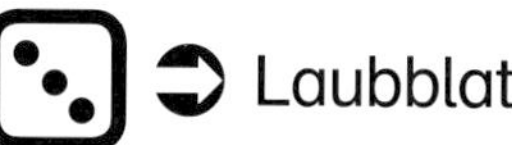

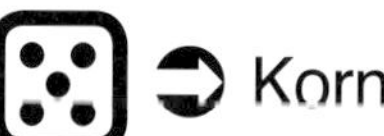

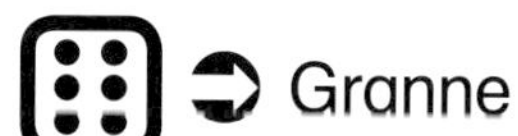

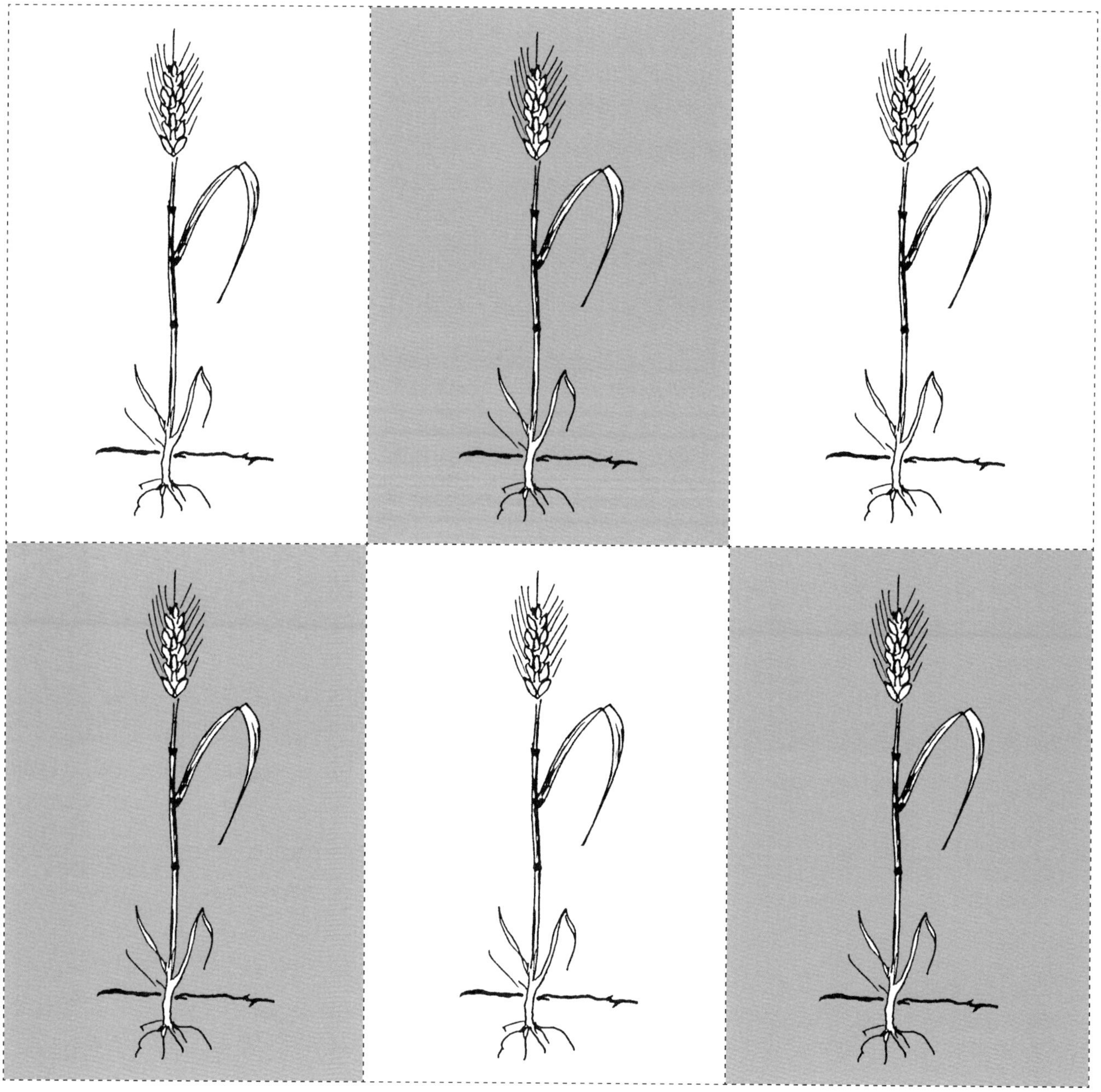

© Verlag an der Ruhr | Autorin: Nina Wilkening | ISBN 978-3-8346-4149-6 | www.verlagruhr.de

Getreidemaus

1. **Schneidet die Karten aus und legt sie verdeckt auf einen Stapel.**
2. **Spieler 1 zieht 1, 2 oder 3 Karten nacheinander. Er legt die Karten offen vor sich hin und sagt, welche Getreideart es ist. Dann ist der nächste Spieler dran.**

Zieht ein Spieler eine Getreidemaus-Karte, muss er alle Karten abgeben.
Sind alle Karten gespielt, wird der Stapel neu gemischt.
Gewonnen hat, wer zuerst alle 4 Getreidesorten gesammelt hat.

22. Wetter

Darum geht's

Die Kinder erweitern ihren Wortschatz zum Thema „Wetter".

Kompetenzerwartungen

Die Kinder
- kennen Wetterphänomene und können diese benennen.

Materialliste

- Kopiervorlage „Wortschatz Wetter" (S. 91)
- Kopiervorlage „Mein Wetter" (S. 92–93)
- Kopiervorlage „Wetter-Ansage" (S. 94)
- pro Schüler eine Spielfigur, pro Gruppe (2–4 Spieler) ein Würfel

Das bereiten Sie vor

- Kopieren Sie die Vorlage „Wortschatz Wetter" 1-mal in Klassenstärke.
- Kopieren Sie die Vorlage „Mein Wetter" in halber Klassenstärke.
- Kopieren Sie die Kopiervorlage „Wetter-Ansage" für jede Gruppe (2–4 Spieler) 1-mal.

Stundenverlauf

Einstieg (ca. 5 Min.)

Malen Sie die Wetterphänomene Sonne, Regen, Schnee, Wolken, Blitz nebeneinander an die Tafel und besprechen Sie mit den Schülern, wie die Wetterphänomene heißen. Spielen Sie das „Wetterchaos"-Spiel: Treffen Sie sich mit den Schülern im Sitzkreis. Teilen Sie jedem Kind einen Begriff zu („Du bist die Sonne, du bist der Regen ..."). Bitten Sie ein Kind, sich in den Kreis zu stellen, und entfernen Sie dessen Stuhl. Nennen Sie ein Wetterphänomen. Alle Kinder, denen Sie dieses Wetterphänomen zugeteilt haben, wechseln den Platz. Das Kind in der Mitte sucht sich auch einen Platz. Es bleibt ein Kind übrig, das in die Mitte geht. Nennen Sie ein neues Wetterphänomen. Wenn alle tauschen sollen, rufen Sie „Wetterchaos".

Erarbeitung (ca. 10 Min.)

Die Schüler bearbeiten die Kopiervorlage „Wortschatz Wetter" in Einzelarbeit.

Übungsphase (ca. 25 Min.)

Die Schüler spielen zu zweit das Spiel „Mein Wetter". Dies funktioniert vereinfacht wie „Schiffe versenken". Anschließend spielen sie in Kleingruppen von 2–4 Schülern das Würfelspiel „Wetter-Ansage". Legen Sie im Voraus fest, ob rausgeworfen werden darf oder nicht. Dieses Spiel kann so lange gespielt werden, bis Sie die Phase abbrechen.

Abschluss (ca. 5 Min.)

Spielen Sie Wetter-Menschen-Memo. Zwei Spieler gehen raus. Mit den anderen Spielern wird abgesprochen, welches Paar welches Wetterphänomen übernimmt. Alle Kinder setzen sich auf ihre Tische.
Die Spieler kommen wieder herein und rufen jeweils zwei Schüler auf, die ihr Wetterphänomen nennen und mit Geräuschen oder Gesten untermalen. Wird ein Paar gefunden, setzen sich diese Kinder auf ihre Stühle. Führen Sie eine Strichliste, um den Sieger ermitteln zu können.

Wortschatz Wetter

Male mit der gleichen Farbe an, was zusammengehört. 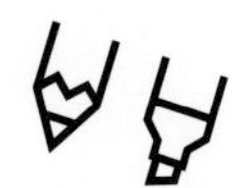

die / eine Sonne Die Sonne scheint.	die / eine Wolke die Wolken Es ist wolkig.	der / ein Regen Es regnet.	der / ein Schnee Es schneit.
 © Norbert Höveler	 © Norbert Höveler	 © Norbert Höveler	 © Norbert Höveler

der / ein Nebel Es ist neblig.	das / ein Gewitter die Gewitter Es gewittert.	der / ein Blitz die Blitze Es blitzt.	der Hagel das Hagelkorn die Hagelkörner Es hagelt.
 © Norbert Höveler	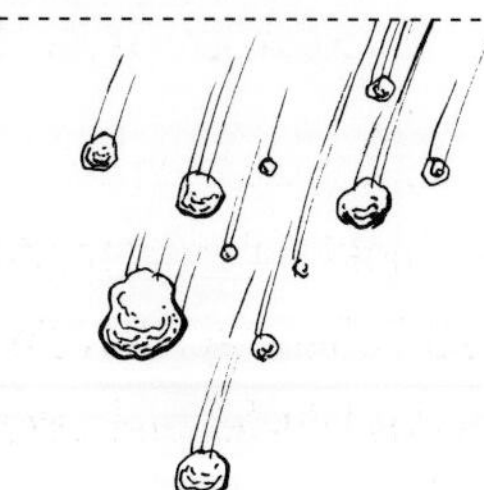 © Norbert Höveler	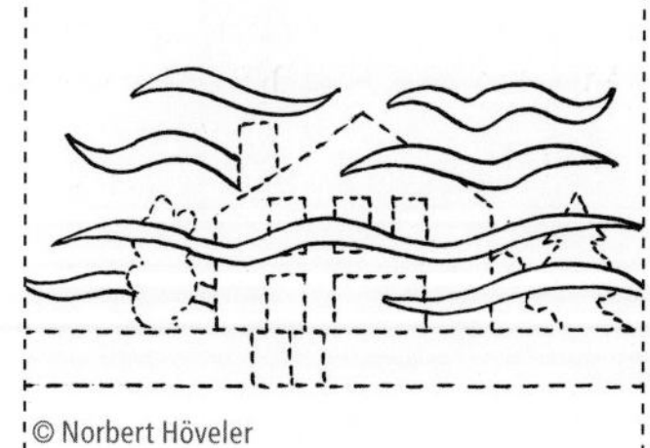 © Norbert Höveler	 © Norbert Höveler

das / ein Thermometer die Thermometer	Es sind 10 Grad.	Es ist heiß.	Es ist kalt.
© Norbert Höveler	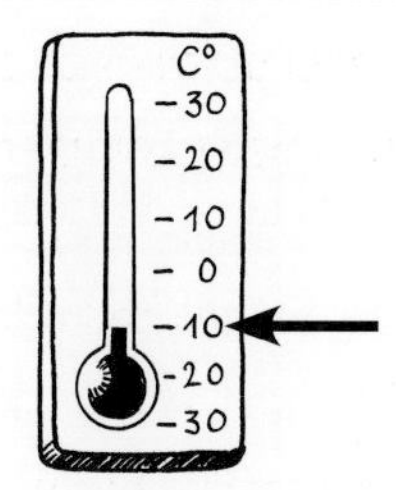 © Norbert Höveler	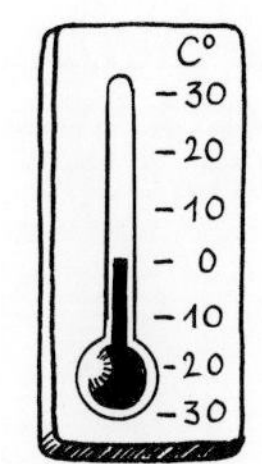 © Norbert Höveler	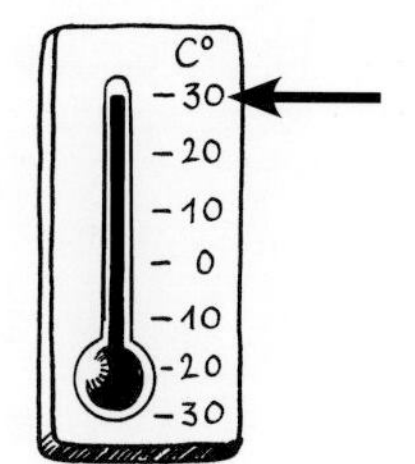 © Norbert Höveler

Mein Wetter (1/2)

Spiel für 2 Spieler:

1. **Schneide die Karten aus.**
2. **Lege die hellen Karten auf deine Tabellen.**
3. **Frage deinen Partner, wie das Wetter bei ihm ist, zum Beispiel:**
   „Regnet es am Montagvormittag?" oder
   „Scheint am Montagvormittag die Sonne?"

Hast du richtig geraten, darfst du ein dunkles Wetterbild in die Tabellen deines Partners legen.

Mein Wetter vormittags:

Montag	Dienstag	Mittwoch	Donnerstag	Freitag	Samstag	Sonntag

Mein Wetter nachmittags:

Montag	Dienstag	Mittwoch	Donnerstag	Freitag	Samstag	Sonntag

Das Wetter von meinem Partner vormittags:

Montag	Dienstag	Mittwoch	Donnerstag	Freitag	Samstag	Sonntag

Das Wetter von meinem Partner nachmittags:

Montag	Dienstag	Mittwoch	Donnerstag	Freitag	Samstag	Sonntag

© Verlag an der Ruhr | Autorin: Nina Wilkening | ISBN 978-3-8346-4149-6 | www.verlagruhr.de

Mein Wetter (2/2)

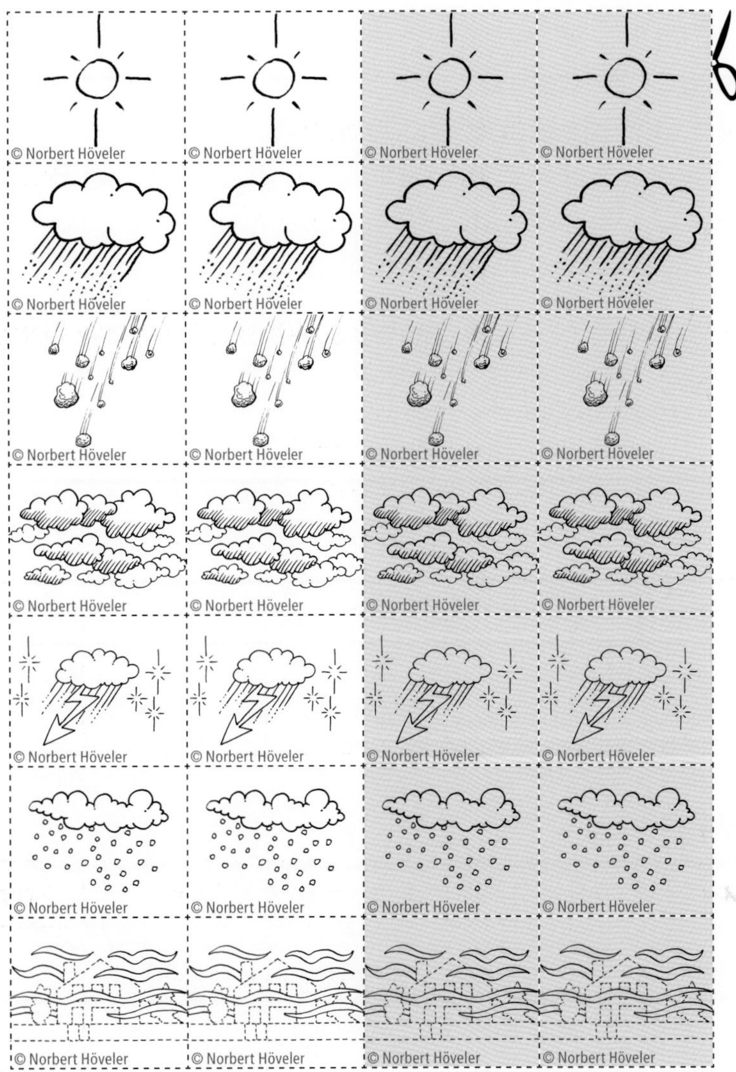

Wetter-Ansage

Spiel für 2–4 Spieler:

Würfelt. Sagt, wie das Wetter ist, zum Beispiel: „Es ist wolkig.“
Es gewinnt das Kind, das als erstes im Ziel ankommt.

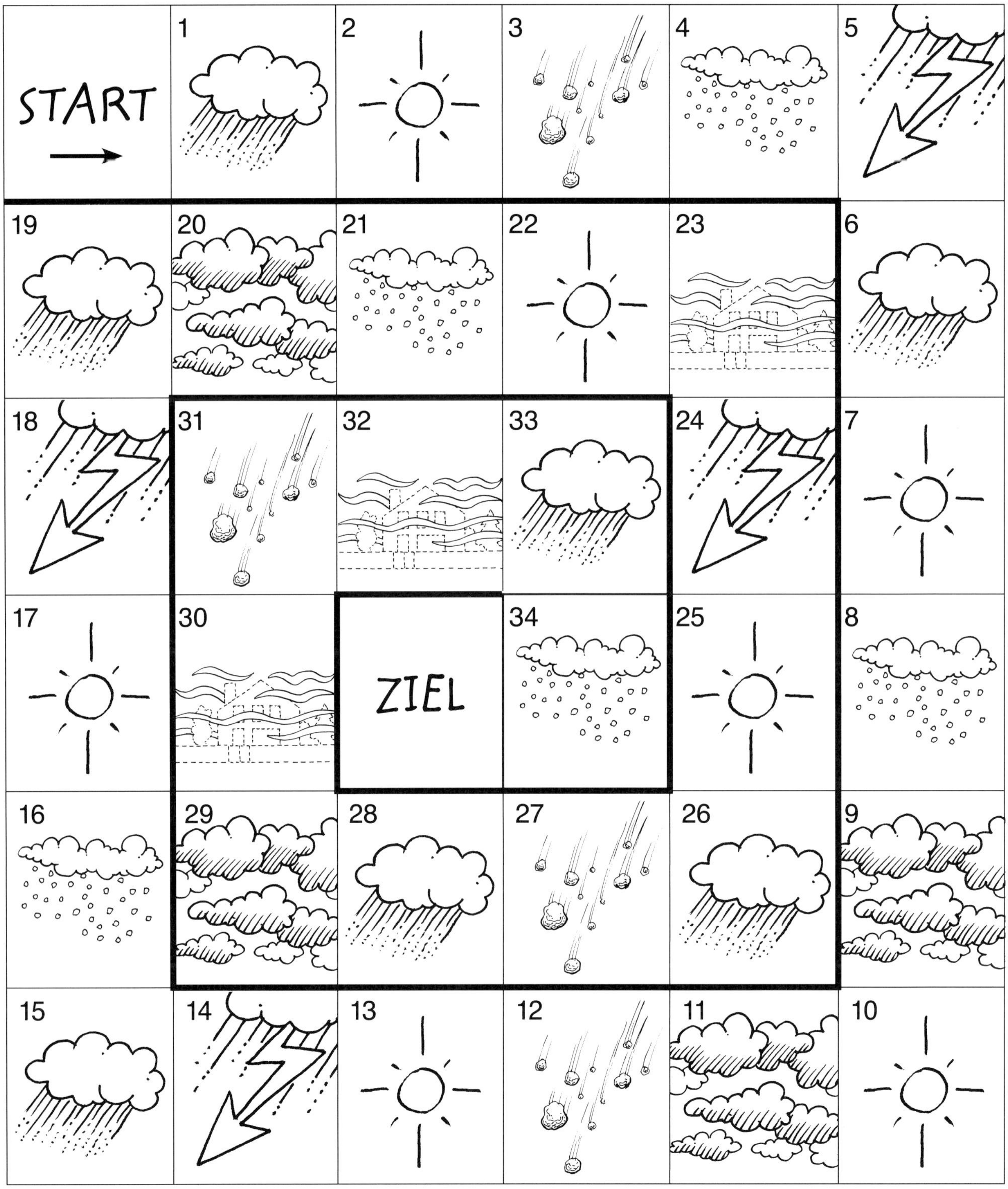

START →	1	2	3	4	5
19	20	21	22	23	6
18	31	32	33	24	7
17	30	ZIEL	34	25	8
16	29	28	27	26	9
15	14	13	12	11	10

© Verlag an der Ruhr | Autorin: Nina Wilkening | ISBN 978-3-8346-4149-6 | www.verlagruhr.de

23. Fahrrad

Darum geht's

Die Schüler lernen die Teile des Fahrrads kennen.

Kompetenzerwartungen

Die Kinder
- kennen die Teile des Fahrrads.

Materialliste

- Kopiervorlage „Wortschatz Fahrrad" (S. 96)
- Kopiervorlage „Kreuzworträtsel Fahrrad" (S. 97)
- Kopiervorlage „Farbenfrohe Fahrräder" (S. 98)
- Magnete für die Tafel (Einstieg)

Das bereiten Sie vor

- Kopieren Sie die Kopiervorlagen 1-mal in Klassenstärke.
- Kopieren Sie die Kopiervorlage „Kreuzworträtsel Fahrrad" 1-mal und erstellen Sie ein Lösungsblatt.
- Kopieren Sie die Kopiervorlage „Wortschatz Fahrrad" 1-mal (evtl. größer) und schneiden Sie nur die Bilder aus.

Stundenverlauf

Einstieg (ca. 5 – 10 Min.)

Zeichnen Sie ein Fahrrad an die Tafel. Verteilen Sie die Bildkarten an die Schüler und bitten Sie sie, die Bildkarten an die richtigen Stellen des Fahrrads zu hängen. Besprechen Sie, wie die Teile heißen, und hängen Sie die Wortkarten dazu. Besprechen Sie auch die Funktionen der einzelnen Teile. Alternativ können Sie zur besseren Sichtbarkeit diese Phase auch mithilfe des OHP oder der Dokumentenkamera durchführen.

Erarbeitung (ca. 10 Min.)

Die Schüler bearbeiten die Kopiervorlage „Wortschatz Fahrrad" in Einzelarbeit.

Übungsphase (ca. 20 Min.)

Die Schüler bearbeiten die Kopiervorlage „Kreuzworträtsel Fahrrad" in Einzelarbeit und kontrollieren mithilfe des Lösungsblattes. Das Lösungswort lautet: Fahrradhelm.
Anschließend malen sie die Teile des ersten Fahrrads an. Sie suchen sich einen Partner und diktieren ihm, wie er das zweite Fahrrad (Nr. 2) auf seinem Blatt anmalen soll. Es soll genauso aussehen wie das Fahrrad, das der diktierende Schüler angemalt hat (Fahrrad Nr. 1). Danach wird getauscht.

Abschluss (ca. 5 – 10 Min.)

Hängen Sie sechs Bildkarten an die Tafel. Bitten Sie die Schüler, die Augen zu schließen. Nehmen Sie eine Bildkarte weg. Bitten Sie die Schüler, die Augen wieder zu öffnen. Fragen Sie: „Was fehlt?". Ein Schüler benennt die fehlende Bildkarte und sagt, wenn möglich, welche Folgen es für das Fahrrad hat, wenn dieses Teil fehlt. Anschließend kommt er nach vorn und nimmt eine Bildkarte weg, nachdem Sie die fehlende ergänzt haben. Tauschen Sie nach ein paar Runden die Bildkarten aus.

Wortschatz Fahrrad

Male mit der gleichen Farbe an, was zusammengehört. 

© Anja Boretzki

das / ein Fahrrad die Fahrräder	das / ein Katzenauge die Katzenaugen	die / eine Klingel die Klingeln	der / ein Lenker die Lenker
der / ein Sattel die Sättel	das / ein Rad die Räder	das / ein Rücklicht die Rücklichter	der / ein Scheinwerfer die Scheinwerfer
das / ein Pedal die Pedale	die / eine Bremse die Bremsen	der / ein Reflektor die Reflektoren	der / ein Fahrradständer die Fahrradständer

© Verlag an der Ruhr | Autorin: Nina Wilkening | ISBN 978-3-8346-4149-6 | www.verlagruhr.de

Kreuzworträtsel Fahrrad

Einzelarbeit:

1. **Löse das Kreuzworträtsel.**
2. **Schreibe die Buchstaben des Lösungswortes auf.**

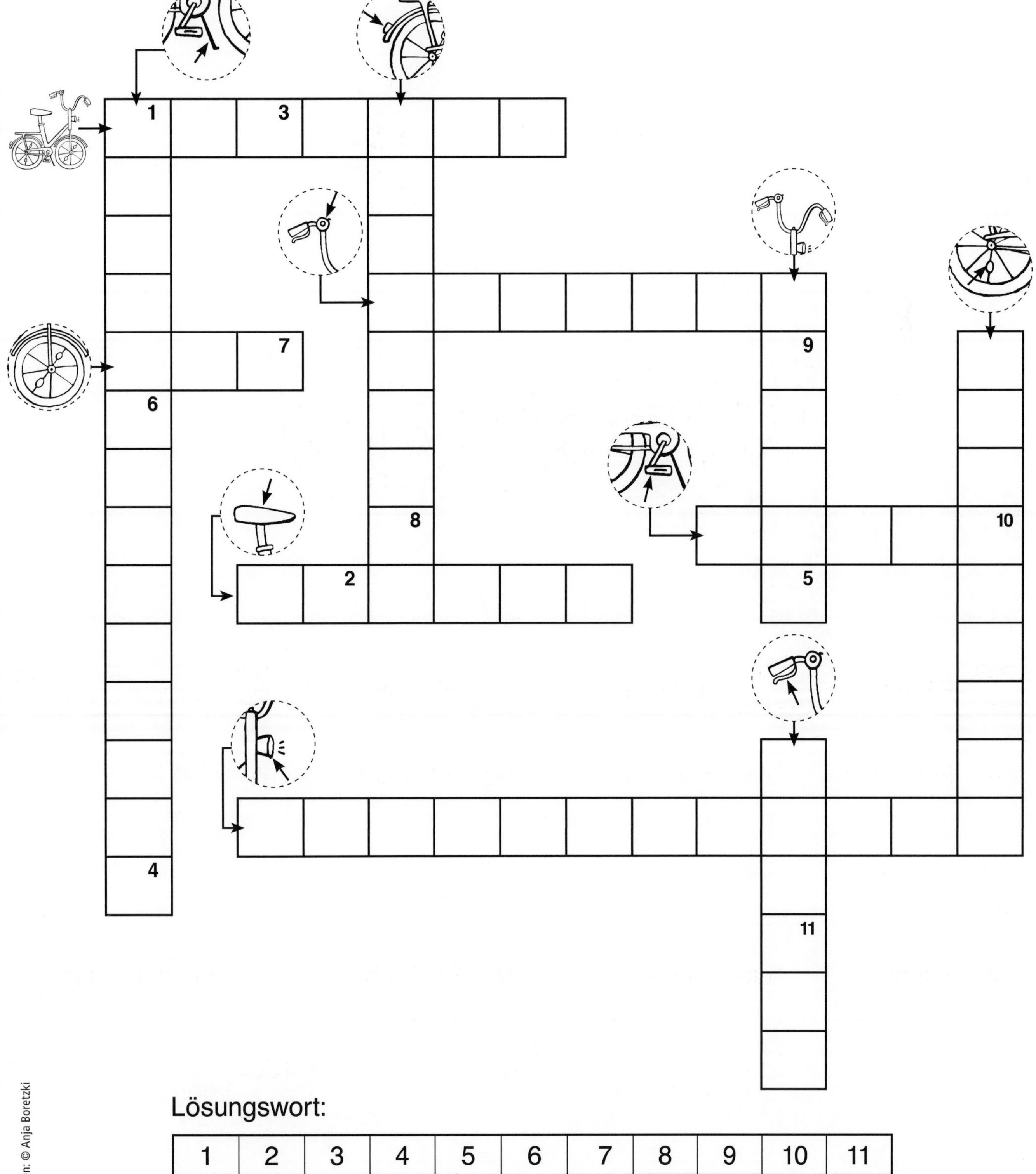

Lösungswort:

1	2	3	4	5	6	7	8	9	10	11

Farbenfrohe Fahrräder

Spiel zu zweit:

1. **Male dein Fahrrad an.**
2. **Erzähle deinem Partner, wie du dein Fahrrad angemalt hast. Er malt sein unteres Fahrrad auf seinem Blatt genauso an, zum Beispiel: „Die Klingel ist rot.“**
3. **Tauscht danach die Rollen.**

© Verlag an der Ruhr | Autorin: Nina Wilkening | ISBN 978-3-8346-4149-6 | www.verlagruhr.de

24. Feuerwehr

Darum geht's

Die Schüler erweitern ihren Wortschatz zum Thema „Feuerwehr".

Kompetenzerwartungen

Die Kinder
- kennen die Ausrüstung des Feuerwehrmanns sowie einige Fahrzeuge.

Materialliste

- Kopiervorlage „Wortschatz Feuerwehr" (S. 100)
- Kopiervorlage „Feuerwehr-Puzzle" (S. 101)

Das bereiten Sie vor

- Kopieren Sie die Kopiervorlage „Wortschatz Feuerwehr" in Klassenstärke, die Kopiervorlage „Feuerwehr-Puzzle" in halber Klassenstärke.
- Kopieren Sie die Kopiervorlagen 1-mal und erstellen Sie ein Lösungsblatt.

Stundenverlauf

Einstieg (ca. 10–15 Min.)

Spielen Sie das Plopp-Spiel: Hängen Sie zunächst sechs Bildkarten in einer Reihe an die Tafel. Stellen Sie sich mit den Schülern im Stehkreis auf. Benennen Sie das erste Bild, Ihr Nachbar benennt das zweite Bild usw. Ist die Bildreihe beendet, sagt der nächste Schüler „Plopp" und setzt sich auf den Boden. Gewonnen hat der Schüler, der als letzter noch steht. Da es in diesem Spiel darum geht, die doch recht schwierigen Begriffe möglichst oft zu hören und zu sprechen, bietet es sich an, mehrere Runden zu spielen. Tauschen Sie die Bilder gegen die übrigen sechs Bilder aus.

Erarbeitung (ca. 10 Min.)

Die Schüler bearbeiten die Kopiervorlage „Wortschatz Feuerwehr" in Einzelarbeit.

Übungsphase (ca. 15–20 Min.)

Die Schüler schneiden zu zweit alle Karten des Feuerwehr-Puzzles aus und versuchen, das Puzzle wieder zusammenzusetzen. Sie sprechen dabei, z. B.: „Das ist der Schutzhelm." Wer kann, erklärt auch, wozu man den jeweiligen Gegenstand benötigt.

Abschluss (ca. 5 Min.)

Spielen Sie mit den Schülern mit den Begriffen der Wortschatz-Kopiervorlage das Duschmännchen-Spiel. Wählen Sie einen Begriff aus und malen Sie für jeden Buchstaben des Begriffs einen kleinen Strich an die Tafel. Die Schüler nennen Ihnen nun Buchstaben. Kommt ein Buchstabe im Begriff ein oder mehrere Male vor, schreiben Sie den Buchstaben auf den passenden Strich. Die Schüler versuchen, möglichst schnell den Begriff zu erraten. Je nach Leistungsstand der Lerngruppe können Sie für jeden genannten Buchstaben, der nicht Teil des Begriffs ist, einen Teil einer Dusche und ein duschendes Männchen (alternativ einen Teil des „Hauses vom Nikolaus") zeichnen – bei schwachen Lerngruppen ist dies jedoch nicht zu empfehlen. Wenn die Zeichnung abgeschlossen ist, bevor die Kinder das Lösungswort herausgefunden haben, haben die Schülerinnen und Schüler verloren.

Wortschatz Feuerwehr

Male mit der gleichen Farbe an, was zusammengehört. 

der ein Feuerwehrmann die Feuerwehrmänner	der ein Tanklöschwagen die Tanklöschwagen	der ein Drehleiterwagen die Drehleiterwagen	der ein Atemschutz die Atemschutzmasken
© tony4urban – stock.adobe.com	© DeVIce – Fotolia.com	© Ramona Heim – stock.adobe.com	© Traumbild – Fotolia.com

der ein Feuermelder die Feuermelder	der ein Feuerlöscher die Feuerlöscher	das Feuer und das Wasser	der ein Schutzhandschuh die Schutzhandschuhe
© Guido Grochowski – Fotolia.com	© playstuff – stock.adobe.com	© zhaubasar – Fotolia.com	© Valeev – Fotolia.com © robert – Fotolia.com

der ein Schutzhelm die Schutzhelme	der ein Sicherheitsstiefel die Sicherheitsstiefel	das ein Beil die Beile	der ein Gürtel mit Haken die Gürtel mit Haken
© gavran333 – stock.adobe.com	© Joachim Wendler – Fotolia.com	© erllre – stock.adobe.com	© tunedin – stock.adobe.com

Feuerwehr-Puzzle

1. **Schneide die Karten aus.**
2. **Setze sie wieder richtig zusammen.**

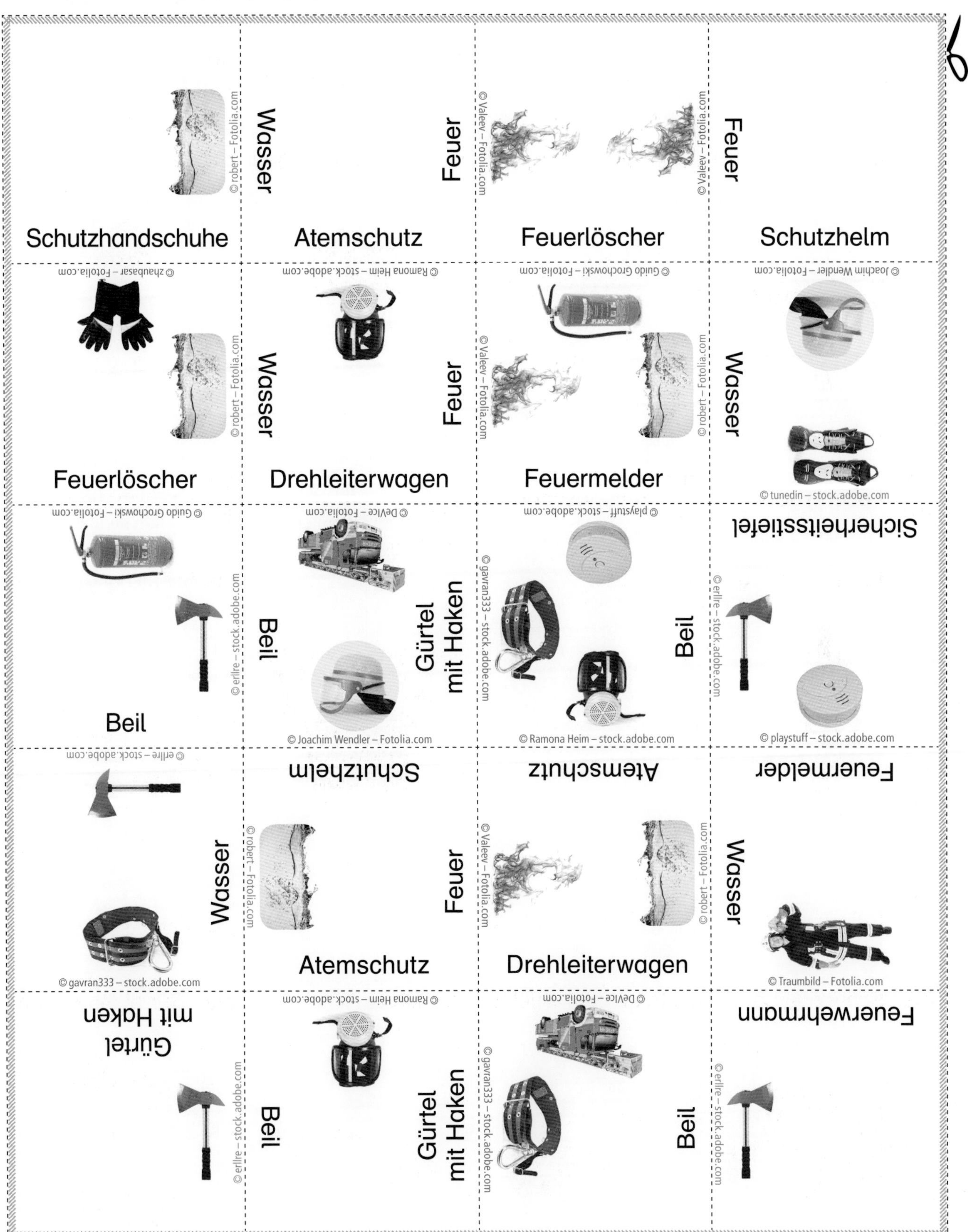

© Verlag an der Ruhr | Autorin: Nina Wilkening | ISBN 978-3-8346-4149-6 | www.verlagruhr.de

25. Ritter

Darum geht's

Die Schüler lernen die Teile einer Ritterrüstung und die Begriffe „Ritter", „Burg" und „Burgfräulein" kennen.

Kompetenzerwartungen

Die Kinder
- kennen die Teile einer Ritterrüstung.

Materialliste

- Kopiervorlage „Wortschatz Ritter" (S. 103)
- Kopiervorlage „Ritterrüstung-Suchsel" (S. 104)

Das bereiten Sie vor

- Kopieren Sie die Vorlage „Wortschatz Ritter" 1-mal in Klassenstärke und für jede Kleingruppe (2–4 Schüler) in 2-facher Ausfertigung und ein weiteres Mal (evtl. vergrößert) für den Einstieg.
- Kopieren Sie die Vorlage „Ritterrüstung-Suchsel" in Klassenstärke.
- Kopieren Sie die Vorlagen 1-mal und erstellen Sie jeweils ein Lösungsblatt.
- Schneiden Sie die Wortschatz-Karten aus.

Stundenverlauf

Einstieg (ca. 10 Min.)

Hängen Sie die Bildkarten der Wortschatz-Seite durcheinander an die Tafel. Bitten Sie die Schüler, die Wort- den Bildkarten zuzuordnen. Hängen Sie dann die Bildkarten nebeneinander an die Tafel. Spielen Sie „Was fehlt?": Die Schüler schließen die Augen. Nehmen Sie eine Bildkarte weg, die Kinder öffnen die Augen. Fragen Sie: „Was fehlt?". Ein Kind benennt die fehlende Bildkarte. Hängen Sie diese wieder an. Der Schüler kommt zur Tafel und es geht von vorn los. Spielen Sie mehrere Runden. Verändern Sie dabei die Anordnung der Karten.

Erarbeitung (ca. 10 Min.)

Die Schüler bearbeiten die Kopiervorlage „Wortschatz Ritter" in Einzelarbeit.

Übungsphase (ca. 20 Min.)

Zunächst bearbeitet jedes Kind die Vorlage „Ritterrüstung-Suchsel" und kontrolliert die Ergebnisse am Lösungsblatt. Fertige Schüler finden sich in Kleingruppen zusammen, schneiden die Bildkarten der Wortschatz-Kopien aus und spielen nach Memo-Regeln.

Abschluss (ca. 5–10 Min.)

Verteilen Sie einen Satz Memo-Karten (Bilder), jeder bekommt eine Karte. Die Schüler gehen durch den Raum. Auf Ihr Kommando treffen sie sich mit einem anderen Schüler, zeigen ihre Karte und umgekehrt. Der andere Schüler benennt die Karte. Beide tauschen ihre Karten und gehen bis zum nächsten Kommando herum.

Lösung Suchsel:

		R								B				R
S		I				R				U				I
C		T				I				R		A		N
H		T				T				G		R		G
U		E				T				F		M		P
L		R			H	E	L	M		R		E		A
T						R				Ä		I		N
E	S	C	H	W	E	R	T			U		S		Z
R						Ü				L		E		E
S						S				E		N		R
C						T				I				H
H			B			U				N				E
U			U			N								M
T			R			G			S	C	H	I	L	D
Z			G											
	K	N	I	E	P	A	N	Z	E	R				
	B	E	I	N	S	C	H	I	E	N	E	N		

Wortschatz Ritter

Male mit der gleichen Farbe an, was zusammengehört. 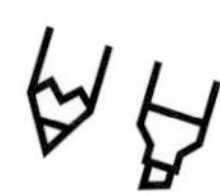

der ein Ritter die Ritter	die eine Ritterrüstung die Ritterrüstungen	der ein Helm die Helme	das ein Schwert die Schwerter
© Ramona Heim – stock.adobe.com	© bydcw25 – stock.adobe.com	© Nejron Photo – Fotolia.com	© Uros Petrovic – stock.adobe.com

das ein Ringpanzerhemd die Ringpanzerhemden	der ein Kniepanzer die Kniepanzer	der ein Schulterschutz	der ein Schild die Schilde
© Ramona Heim – stock.adobe.com	© Ramona Heim – stock.adobe.com	© Андрей Трубицын – stock.adobe.com	© sinelyov – stock.adobe.com

das ein Burgfräulein die Burgfräulein	die eine Beinschiene die Beinschienen	das ein Armeisen die Armeisen	die eine Burg die Burgen
© koya979 – Fotolia.com	© Harald Mizerovsky – Fotolia.com	© Ramona Heim – stock.adobe.com	© Ramona Heim – stock.adobe.com

Ritterrüstung-Suchsel

1. **Finde 12 Begriffe im Suchsel.**
2. **Male sie an.**
3. **Sieh dir die Bilder an. Schreibe auf, wie sie heißen.**

V	C	R	N	I	K	Q	G	H	U	B	L	D	G	R
S	V	I	H	I	W	R	B	X	H	U	K	M	K	I
C	A	T	S	D	R	I	B	H	J	R	K	A	P	N
H	B	T	G	E	W	T	G	F	H	G	K	R	N	G
U	N	E	D	W	A	T	B	H	J	F	K	M	N	P
L	W	R	V	D	H	E	L	M	N	R	K	E	S	A
T	D	F	B	Q	K	R	L	O	D	Ä	V	I	B	N
E	S	C	H	W	E	R	T	V	B	U	E	S	N	Z
R	D	F	B	H	J	Ü	M	N	C	L	Y	E	G	E
S	H	J	B	N	N	S	G	H	J	E	P	N	M	R
C	F	G	B	M	M	T	C	F	B	I	A	S	E	H
H	T	B	U	L	P	U	P	T	B	N	C	H	N	E
U	M	K	R	W	B	N	C	P	O	L	R	N	S	M
T	L	P	G	O	Z	G	N	S	S	C	H	I	L	D
Z	M	L	P	O	R	A	E	B	I	M	A	D	F	G
K	P	L	N	R	T	N	I	L	P	W	D	A	B	C
B	K	N	I	E	P	A	N	Z	E	R	M	X	C	F
N	B	H	I	T	M	W	A	P	L	R	T	B	I	N
G	B	E	I	N	S	C	H	I	E	N	E	N	P	O

 ....

 ....

 ....

 ....

 ....

 ....

 ....

 ....

 ....

 ....

 ....

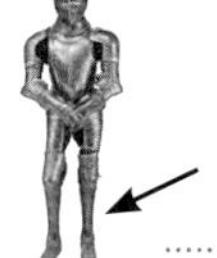 ....